AF338342

A MONSIEUR LE LIEUTENANT CIVIL.

SUPPLIE humblement JEAN-BAPTISTE LORIEUL, Sieur de la Noüe, Conseiller-Secretaire du Roy, & Interessé dans ses Affaires, Prisonnier és Prisons du Grand Chastelet ; DISANT, Que pendant le mois de Janvier jusqu'au seize Février mil sept cent un, Jacques Passerat cy-devant son Associé, & à present son ennemy capital, & ses complices, qui sont Baltazard Gevigny son beau-frere, François Passerat son cousin, Jacques Poussy son neveu, les nommez Regnoult, Touranjault & Fauconnier ses Domestiques, Felix Michault, dit Dubois, Valet de Chambre de Gevigny, Philipes Alliet Breteur de profession, & aux gages de Jacques Passerat, & le nommé Lassus autre Breteur, se disant Officier de Dragons, & autres, se sont emparez de la Maison & de la personne du Supliant, se sont saisis de partie de ses meilleurs effets & de ses papiers, & luy ont fait signer par violence des Indemnitez, des Reconnoissances & autres Actes. Ensuite ils ont le 15. Février sur les huit heures du soir fait entrer dans la maison du Supliant, où ils estoient les maistres, trente ou quarante Archers sans aucuns Titres ny Pieces, & ayant tous le flambeau allumé & les armes à la main, lesquels avec des haches, masses & pinces de fer, ont cassé & brisé les portes des Cabinets, Bureaux & Armoires du Supliant, & ont porté leur fureur à un tel excés que tout le quartier en fut effrayé, & ont causé la mort à deux jeunes enfans du Supliant, en sorte qu'il n'y a aucun exemple jusqu'à present de semblables violences. Celle arrivée tout nouvellement en la personne du Sieur Lemire n'a rien de si hardy, ny de si cruel, dans l'une il n'y a qu'un seul homme qui a perdu la vie, c'est le Sieur Lemire, & dans l'autre deux innocents ont esté les victimes de la fureur de Passerat & de ses complices, & ont perdu la vie : Toutes ces violences & ces cruautez ont obligé le Supliant de rendre sa Plainte le même jour 15. Février, & de faire informer contre ceux qui l'obsedoient, duquel desordre commis par les Archers il en fut dressé Procés verbal par le Commissaire du Quartier, qui se rendit en la maison du Supliant à la clameur publique. Les Informations sont precises sur ces faits, & Passerat en est convenu par ses Interrogatoires.

Passerat pour se preparer à une mauvaise défense contre cette accusation, a de sa part accusé le Supliant de Banqueroute pretenduë frauduleuse, & a obtenu contre lui un Decret de prise de corps, en vertu duquel il l'a fait emprisonner au Grand Chastelet ; mais cette Procedure a esté arrestée, 1°. parce que Passerat a aussi esté accusé de Banqueroute par ses Creanciers, lesquels l'ont fait emprisonner en vertu d'un Decret.

2°. Parce que les Titres en vertu desquels il se dit Creancier du Supliant sont contestez, ayant esté faits durant l'obsession, & par violence.

Passerat & ses complices dans la vuë d'éviter la peine d'homicide des deux enfans du Supliant, des violences & enlevement de ses papiers, lui ont suscité trois autres Accusations.

La premiere, de Banqueroute pretenduë frauduleuse à la requeste de ses Creanciers, qui se sont unis pour cela.

La seconde, à la requeste du nommé Briand, cy-devant Caissier du Supliant, & de plusieurs Compagnies, où il est Interessé, & d'autres où il n'a point d'interest. Le titre de cette accusation, est que Briand pretend

A

que le Supliant l'a spolié & dépouillé de tous ses papiers, & des effets de ses Caisses.

La troisiéme à la requeste de Monsieur le Procureur du Roy, pour raison du faux pretendu de deux signatures faites sur deux billets, l'un de 4000 livres, dont le nommé de Biancourt est porteur, & l'autre de 2000 livres, dont le nommé de Lasne est aussi porteur.

Le Supliant se défend contre Passerat, & il fait voir par une Requeste particuliere ses violences, ses injustices & ses cruautez, & qu'il n'est point son Creancier d'aucunes sommes liquides, y ayant un Compte ouvert entr'eux.

Par une autre Requeste aussi particuliere, il se défend de l'accusation de Banqueroute pretenduë frauduleuse formée contre lui par ses Creanciers, & qu'ils ont presque tous abandonnée, aprés avoir vû ses papiers, l'état de ses biens & de ses dettes, & lui ont accordé des termes & liberté de sa personne. Par cette même Requeste le Supliant fait voir qu'il n'est point criminel de Banqueroute frauduleuse, n'ayant point diverty ses effets, ni suposé de Creanciers, qui sont les deux cas indiquez par l'Ordonnance pour la conviction du crime de Banqueroute: Que sa déroute vient de differentes causes; 1°, d'avoir esté volé par Briand son Caissier, 2°, de la depense qu'il a faite dans sa Terre de S. Leu qu'il a acquise, 3°, celle qu'il a faite en sa Maison, 4°, le changement du tems, les taxes & les miseres qui sont survenuës qui l'ont empêché d'acquitter ses billets à leurs écheances, & luy ont osté son credit; 5°, les persecutions & les obsessions de Passerat, 6°, que Passerat luy ayant osté partie de ses papiers, il l'a mis hors d'état de se pouvoir justifier, autant qu'il le pourroit s'il ne les luy avoit pas ravis: 7°, Et enfin que le Contrat qu'il a fait presque avec tous ses Creanciers, par lequel ils lui ont accordé des termes & la liberté de sa personne, est tres-juste & tres-équitable, & que le petit nombre qui reste ne peut s'empêcher de suivre les conventions faites avec les autres, conformément à l'Ordonnance.

Le Supliant s'est encore défendu de l'accusation de faux pretendu par une Requeste particuliere, où il a fait voir son innocence claire comme le jour, en détruisant les dépositions de Biancourt & de Lasne, ses Creanciers & ses Parties civiles, & qui neanmoins ont déposé contre luy, & en faisant voir que les trois Experts Ecrivains nommez d'Office l'ont pleinement déchargé, & par d'autres circonstances expliquées dans cette Requeste.

Pour ce qui concerne l'accusation formée par Briand, qui fait le sujet de la presente Requeste, le Supliant espere que par les moyens qu'il expliquera, & par les pieces qui les justifient, il persuadera la Cour & le public par une démonstration claire comme le jour, que Briand a volé le fond de ses Caisses, que pour raison de ce vol son procés lui doit estre fait, suivant la Declaration du Roy du 5. May 1690. Il fera aussi voir que Briand est coupable de falsification, & de supression dans les Registres de ses Caisses, ce qui est un genre de faux, pour lequel son procés lui doit aussi estre fait & parfait, suivant la rigueur des Ordonnances contre les Caissiers, Commis, & autres personnes publiques atteints du crime de faux.

Le Supliant fera encore voir que l'accusation formée par Briand est posterieure de plus de deux mois à l'accusation de vol de Caisses, & par consequent que c'est une recrimination, & que Briand n'a eu la facilité de le faire recevoir accusateur contre le Supliant que par un tour de Palais.

Mais auparavant il faut mettre icy tout au long les faits que Briand supose dans sa plainte pour mieux concevoir ses impostures, voicy de quelle maniere Briand parle dans ses Requestes. Il dit que le Supliant luy a osté tous ses papiers, qu'il l'a dépouillé de tous ses effets, qu'il est demeuré

maiftre du fond de fes Caiffes, qu'il luy a fait figner une infinité de Reconnoiffances, des billets, des Endoffemens, des Contrats, des Préfentations
& Arreftez de Comptes, & une infinité d'autres Actes ; & pour donner
couleur à ces fupofitions, il dit que le Supliant a abufé de fa fimplicité. Il
a encore mêlé parmy toutes ces imaginations & fupofitions le faux pretendu
des billets, dont de Biancourt & de Laîne font porteurs, quoi que luy
Briand & Defroziers fon Commis foient les veritables coupables, ainfi
qu'il fe voit par l'inftruction du procés de ce faux pretendu.

Pour détruire ces faux faits & les fupofitions de Briand, il fuffira au Supliant de le fuivre pas à pas dans toutes les démarches qu'il a faites depuis
qu'il eft entré chez luy en qualité de Caiffier ; Mais auparauant il eft ne-
ceffaire d'inftruire la Cour des fonctions des Caiffiers, des Gens d'Affaires
& de Finances : Et pour cela elle aura, s'il lui plaît, agreable d'obferver,
que lors qu'il fe forme des Compagnies pour les Fermes & les Traitez de Sa
Majefté, les Intereffez nomment un Caiffier, & c'eft ordinairement un
de la Compagnie qui le prefente, & qui eft fa Caution. Ce Caiffier reçoit
des Intereffez tous leurs fonds d'avances, leur en fournit fes Recepiffez
chacun à proportion des fonds qu'ils luy remettent ; il reçoit auffi les deniers provenans des Produits des Fermes & Traitez par les mains des Commis employez dans les Provinces à la regie des Fermes & Traitez, & leur
envoye fes Recepiffez des fommes qu'il reçoit d'eux : On luy remet les billets d'emprunts qui fe font par les Compagnies fuivant leurs Déliberations,
defquels il fe charge, pour en compter comme des autres fonds, enfuite il
negocie ces Billets. Ce même Caiffier fait tous les payemens neceffaires
pour l'execution de la Ferme ou Traité, fuivant les ordres & déliberations
des Compagnies, dont il tire quittance pour employer dans la depenfe des
Comptes qu'il doit rendre. Et une chofe effentielle au devoir d'un Caiffier,
eft qu'il doit tenir des Regiftres fideles de Recette & Depenfe, fur lefquels
il doit porter toutes les fommes qu'il reçoit & les payemens qu'il fait, jour
par jour, datte par datte, en bon ordre, & fans rature ny alteration, afin
que les Intereffez connoiffent à tous momens l'état de fa Recette & de fa
Depenfe, & des fonds qu'il doit avoir en Caiffe ; il doit auffi fournir des
Etats de fa Recette & Depenfe lors que les Compagnies le requierent.

Au commencement de l'année 1696. Briand à la recommandation d'une
perfonne de tres-haute confideration & d'un rang des plus élevé, entra
chez le Supliant pour eftre fon Caiffier au lieu du nommé Lefpinay, & en
même temps il fut chargé de differentes Caiffes par plufieurs Compagnies
intereffées en differents Traitez & Fermes; fçavoir du traité de l'alienation
& Ferme des Domaines de la Generalité d'Orleans, du traité de l'alienation
des Domaines de la Generalité de Riom en Auvergne, du Soûtraité des
Francs-Fiefs & Franc-Aleu des Generalitez de Paris, Amiens & Soiffons,
& du Traité de l'Alienation des Domaines de ladite Generalité, enfuite
Briand a efté chargé par d'autres Compagnies des Caiffes du Soûtraité
des Mefureurs de Grains, Foires & Marchez des Generalitez de Paris,
Amiens, Soiffons, Moulins, Auvergne, Bourges & Orleans, auquel Traité eftoit joint l'acquifition des Offices de Controlleurs des Actes de Notaires de l'Election de Chartres, du Traité de la Retherche des faux Nobles
des Generalitez de Soiffons, Moulins, Auvergne, de la Ferme des Domaines de Soiffons & Moulins, des Soûtraitez de la Vente des Offices de Controlleurs des Bancs de Mariage de la Ville de Paris, Tours, Orleans,
Bourges, Soiffons, Moulins, Auvergne, Champagne, Amiens, Lyon,
Païs d'Artois, Flandres, Henault, & Province de Bourgogne, de l'acquifition de partie des mêmes Offices des Generalitez, Païs & Provinces cy-
deffus, de la Ferme du Controlle des Actes des Notaires de Flandres, du

Départemens de M. de Bagnols, de la ferme du contrôlle des Actes & petits Sceaux de la Generalité de Champagne, de la ferme du contrôlle des Bans de Mariage de partie des Generalitez & Provinces cy-dessus, dont le bail a commencé au premier Avril 1699. & du contrôlle des Exploits de Franche-Comté, & autres Fermes & traitez où le Supliant a eu interest & dont Briand a esté Caissier, voicy celles où le Supliant n'avoit point d'interest, & dont Briand a aussi esté Caissier.

Le Traité des Francs-Fiefs & Franc-Alleu des Generalitez de Paris, Soissons & Amiens, qui estoit sous le nom de Jacques Chalon subrogé à Guilbert, la Compagnie des Traittans estoit composée des Sieurs Passerat, Clement, Geuvigny, Poussy & autres, le Sous-Traité de la recherche des faux Nobles, & vente de Lettres de Noblesse des Generalitez de Paris, Champagne, Bourgogne, Franche-Comté, Amiens & Païs d'Artois, dans lequel Passerat, Poussy & autres estoient aussi interessez.

Briand a regi toutes les Caisses de ces Compagnies comme un homme habile a conserver les interests, cela se voit par les Livres journaux qu'il a tenus, par les comptes qu'il a rendus, par d'autres qui sont presentez, & par d'autres qui ne sont que projettez, & enfin par ses autres papiers, le tout estant au Greffe, & trouvez sous les scellez aposez dans sa Chambre sous les Cottes 401. 402. & autres suivantes, jusques & compris 518. du Procés verbal du Commissaire de Beaumont, à l'endroit de la description des papiers de Briand, lesquelles cottes & pieces le Supliant employe icy sous la cotte   **A.**

Pour tirer les inductions particulieres de toutes ces cottes, & faire une demonstration entiere & generale de la malignité de l'accusation de Briand, & faire voir que tous les faits qu'il avance sont faux & suposez (sauf le respect de la Cour) il est necessaire d'examiner lesdites cottes en détail.

Sous la cotte 401. du Procés verbal du Commissaire de Beaumont, qui est la premiere cotte des papiers de Briand, l'on voit que le Supliant a pris les Fermes de M. le Prince du Duché d'Enguien sous le nom de Briand, auquel il en a donné une Indemnité pardevant Lange & son Compagnon Notaires le 11. Septembre 1696. qui est la premiere de cette cotte, & est dattée du même jour & du même moment que la signature de ce bail, qui est passée devant les mêmes Notaires; de cet Acte d'Indemnité le Supliant induit que Briand a toûjours pris ses précautions, & qu'il n'est pas vray (sauf respect) qu'il ait abandonné au Supliant le fond de ses Caisses.

La preuve est sensible, Briand a eu soin de tirer une Indemnité d'un Bail de 20000. livres par an, & il veut qu'on croye qu'il a negligé de prendre des Reconnoissances de plusieurs millions, ce qui ne peut tomber sous le sens, & l'on voit tres-clairement qu'il est Calomniateur. Pour la preuve de ce fait le Supliant employe ladite premiere piece de cette cotte 401. & est ledit employ icy tenu pour cotté par   **B.**

Sous la même cotte 401. l'on voit que le Supliant & Passerat ayant affermé de M. le Prince sous le nom de Briand ses Fermes des Domaines de la Generalité de Berry & du Duché de Chasteauroux, par Bail passé devant Lange & son Compagnon Notaires, ils ont donné une Indemnité à Briand qui est la seconde piece de ladite cotté; ce qui continuë de justifier que Briand n'a rien negligé de ses sûretez, & qu'il a toûjours conduit ses affaires avec toutes les précautions qu'un homme habile & experimenté doit prendre. Pour la justification de ce fait, le Supliant employe cette seconde piece de la même cotte 401. & est ledit employ icy tenu pour cotté par   **C.**

Sous la cotte 402. la premiere piece est une Reconnoissance du Sieur de Belcourt, dattée du 13. Decembre 1700. par laquelle il declare que Briand a
passé

paſſé Procuration au nommé Delahaye pour pourſuivre le Sieur de Brague, en vertu d'une Sentence obtenuë ſous le nom de Briand, de l'évenement de laquelle le Sieur de Belcourt promet acquitter Briand : cette piece juſti-fie que Briand prenoit ſes ſuretez, non-ſeulement avec le Supliant, mais même avec ceux avec qui il avoit d'autres affaires.

Les 2. 3. 4. & 7ᵉ pieces de cette cotte 402. ſont des Billets faits par diffe-rents Particuliers au profit de Briand. Le premier de la ſomme de 6 livres 16 ſ. le ſecond de 40 liv. le troiſiéme de 3 liv. 12 ſ. & le quatriéme de 10 liv. 16 ſ. ces quatre pieces marquent l'exactitude de Briand, puiſqu'il prenoit des billets de ceux à qui il prêtoit de ſi modiques ſommes : Delà on doit in-duire que Briand n'auroit pas confié à qui que ce ſoit des ſommes conſide-rables, ſans en tirer des billets ou des reconnoiſſances pour ſes ſuretez.

La cinquiéme piece de la même Cotte eſt une Notte écrite de la main de Briand, faiſant mention qu'il doit retirer ſon recepiſſé des avances du Sieur Bigodet dans le Soutraité du controlle des actes des Notaires de l'Election de Chartres, luy en ayant rembourſé la valeur, & qu'il doit auſſi retirer celuy de 6000 livres qu'il a donné au Sieur Bigodet, & luy rendre le ſien.

La huitiéme piece de ladite Cotte, eſt une notte écrite de la main de Briand du ſeptiéme Avril 1699. par laquelle il fait mention que le Sieur Goujon luy a donné à prendre ſur le nommé le Grand la ſomme de 331. livres laquelle ſomme il a receu du Sieur l'Amiral.

De ces deux pieces cinq & huit il reſulte, ſçavoir de la premiere que Briand recevoit des Interreſſez les avances qu'ils étoient obligé de faire dans chaque Traité, & qu'à la fin de chacun d'iceux il leur rembourſoit leurs avances ; & la ſeconde juſtifie l'exactitude de Briand à faire des nottes de toutes ſes affaires, tant generales, que particulieres.

Les 9. 10. & 11. pieces de la même Cotte 402. ſont trois Quitances des Sieurs Brunet & Bonnet, leſquelles font voir qu'il ne payoit aucune ſom-me ſans en prendre quitance, quoique tres-modique.

Pour la juſtification de tout ce que deſſus, le Supliant employe ladite Cotte 402. & ledit employ icy tenu pour cotté par   **D**

Sous la Cotte 403. premiere piece, eſt un Acte, par lequel il paroiſt, que les Sieurs Goujon, Hervé, & de Blaire ont fait un emprunt de 45000. livres pour leurs affaires particulieres, & pour employer aux avances que leſdits Sieurs Hervé & Goujon étoient tenus de faire dans le Traité des Offices de Controlleurs de Bancs de Mariage, & qu'ils ont mis leurs Billets és mains de Briand pour les negocier ; ce qui fait voir que Briand étoit non ſeulement Caiſſier des Compagnies, mais qu'il ſe chargeoit de nego-cier les Billets deſdits Goujon, Hervé & de Blaire, & qu'il a tiré du fond de ſes Caiſſes les ſommes qu'il leur a fournies.

La ſeconde piece de la même Cotte, eſt une notte de renoüvellement de Billets deſdits Goujon, Hervé & de Blaire, montant à pareil ſomme de 45000. livres.

Les 3. 4. & 5. pieces de cette même Cotte, ſont des Lettres miſſives & reconnoiſſances de Goujon, Hervé & de Blaire, par leſquelles il ſe voit que Briand leur a fourni un Recepiſſé de Comptant de 12000. livres ſur les avances que le Sieur Hervé leur Aſſocié devoit faire dans la Ferme des Bancs de Mariages des Provinces de Flandres, & des Generalitez d'A-miens, Moulins & Champagne, & Controlle des Exploits de Franche-Comté, quoiqu'en effet Briand n'en ait rien receu, ainſi qu'il paroiſt par la reconnoiſſance de Goujon, & d'Hervé qui eſt au bas de la copie de ſon Recepiſſé en datte du ſix Avril 1699. d'où il reſulte que Briand agiſſoit en maiſtre de ſa Caiſſe, & qu'il diſpoſoit des fonds à l'inſçu du Supliant

& de ſes Aſſociez, car il eſtoit contre ſon devoir, & la fidelité qu'il devoit
à ſa Caiſſe d'en détourner ces 12000 liv. leſquels il devoit recevoir en don-
nant ſon Recepiſſé pour en compter à la Compagnie, & luy accuſer cette
ſomme, de laquelle il a affoibly ſa Caiſſe; & l'on peut juger par cette conduite de Briand qu'il a eſté capable de tout faire & de tout entreprendre
pour s'enrichir aux dépens du Supliant & de ſes Aſſociez, auſquels il doit
des ſommes tres-conſiderables, & aux autres Compagnies dont il a eſté ſa
Caution. Ce divertiſſement du fond de Caiſſe eſt un crime capital, ſuivant
la Declaration du Roy du 5. May 1690. dont il ſera parlé cy-aprés.

Pour la juſtification de ce que deſſus, employe les 3. 4. & 5. pieces de
cette cotte 403. & eſt ledit employ icy tenu pour cotte par   E.

Les 2. 3. 4. 5. 6. 7. & huitiéme pieces de la cotte 405. ſont des Recepiſſez
d'avances faites, tant par les Sieurs Mabire, Amet, Bonneau, Racine,
Heudde, que par le Supliant, pour raiſon des Domaines de Soiſſons &
Moulins délivrez par Briand aux ſus-nommez, leſquels Recepiſſez il a depuis retirez d'eux, en les rembourſant des ſommes contenuës en iceux, avec
leſquels Recepiſſez eſt attaché une notte écrite de la main de Briand, portant ces mots (*Recepiſſez que j'ay rembourſez.*) Ces deux pieces juſtifient in-
conteſtablément que Briand eſtoit réellement & de fait maiſtre abſolu des
Caiſſes des Compagnies, puiſqu'au commencement des Traitez il recevoit
les fonds des Intereſſez & du Supliant comme des autres; & qu'à la fin deſdits Traitez il leur rembourſoit les avances qu'ils luy avoient mis entre les
mains, & qu'il avoit la précaution de retirer d'eux ſes Recepiſſez, & de
faire mention par des nottes particulieres des rembourſemens par luy
faits.

Pour la juſtification de ce que deſſus, employe le Supliant ladite cotte
405. & eſt ledit employ icy tenu pour cotte par   F.

La cinquiéme piece de la cotte 406. eſt une Reconnoiſſance du Supliant
d'une ſomme de 600 livres qu'il a reçuë de Briand ſur ſa part dans le Traité
de l'Allienation des Domaines d'Auvergne, en datte du 10. Février 1701.
De cette piece il reſulte qu'il eſt vray que Briand a toûjours retiré des Reconnoiſſances du Supliant de toutes les ſommes qu'il luy a payées, quelques legeres qu'elle fuſſent, & même juſqu'à un écu; & ainſi Briand eſt
un impoſteur de dire qu'il a confié au Supliant le fond de ſes Caiſſes ſans Recepiſſé, & qu'il a eſté obſedé dans ſa maiſon: il paroiſt au contraire que
dans le tems que Briand marque ſon obſeſſion, il a eu ſoin de retirer des Reconnoiſſances du Supliant, la datte de celle cy-deſſus en fait foy, & prouve la mauvaiſe foy de Briand. Pour juſtifier ce fait le Supliant employe cette cinquiéme piece, & eſt ledit employ tenu pour cotte par   G.

La ſixiéme piece de cette cotte 406. eſt une Reconnoiſſance du Sieur
Rolland, l'un des Intereſſez dans ledit Traité, portant qu'il a reçû de
Briand 105 liv. 16 ſ.

Et la ſeptiéme eſt une Promeſſe des Sieurs Mabire & Piet, tous deux Intereſſez dans le Traité de l'Allienation des Domaines d'Auvergne, de tenir compte à Briand leur Caiſſier de 300 liv. payées par leur ordre à Deſroziers pour travail extraordinaire, laquelle ſomme de 300 livres ils pro-
mettent de déduire à Briand ſur le debet de ſon compte de l'Allienation
deſdits Domaines.

De ces deux pieces il reſulte deux choſes; la premiere, que Briand ad-
miniſtroit luy-même ſa Caiſſe, & que toutes les fois qu'il entiroit quelques
ſommes, quelques legeres qu'elles fuſſent, il en prenoit des Reconnoiſſances, ou des ordres des Intereſſez, ou de l'un d'eux; & la ſeconde que
c'eſt luy-même qui a rendu le Compte de la Caiſſe de l'Allienation des
Domaines, & qu'il s'eſt reconnu debiteur du reliqua. C'eſt pourquoy le

9

Supliant employe ces six & septiéme pieces de ladite cotte 406. & est ledit
employ icy tenu pour cotté par   H.

Les pieces 8. 9. & 10. de la même cotte 406. justifient que Briand estoit
Caissier du Traité de l'Allienation des Domaines d'Orleans; qu'il en a acquitté les billets par lui-même, & qu'il a suposé en disant que le Supliant
avoit le fonds de la Caisse ; c'est pourquoy le Supliant employe lesdites
trois pieces , & est ledit employ icy tenu pour cotté par   I.

La onziéme piece de la même cotte 406. est un Etat de plusieurs sommes
que Briand devoit au Supliant, comme Caissier de la Compagnie des Interessez des Offices de Mesureurs de Grains dans l'étenduë des Generalitez
de Paris , Soissons , Amiens , Moulins , Auvergne & Orleans , au bas duquel Etat est une Reconnoissance du Supliant du payement que Briand lui
en a fait, ayant même icelui Briand employé ces sommes dans le Compte
qu'il a rendu à la Compagnie le 28. Mars 1699. qui est sous la cotte 493.
troisiéme piece.

Cet Etat & la Reconnoissance qui est ensuite , justifient que le Supliant
n'a jamais manqué de fournir à Briand des Reconnoissances de toutes les
sommes qu'il lui a payées ; d'où il faut necessairement conclure que Briand
a conduit ses Caisses, tant pour la Recette que pour la Depense , & qu'il
est coupable d'en avoir diverty les fonds. Pour la preuve de ce fait le Sup-
pliant employe ladite onziéme piece , & est ledit employ icy tenu pour cotté par   L.

La treiziéme piece de ladite cotte 406. justifie encore que Briand a dis-
posé en maistre du fond de ses Caisses , quoi-qu'il le dût garder fidellement;
cette treiziéme piece estant une Reconnoissance que le Sieur Gensse lui a
donnée, qu'encore que Briand lui eut donné son Recepissé d'une somme
de 12000 liv. qu'il devoit payer pour sa part du fond de la Ferme du Bail de
Rolin du Contrôlle des Bancs de Mariage de Flandres , Artois , Henault,
Generalitez de Champagne , Amiens , Auvergne & Moulins , & celles
des Exploits de Franche-Comté , datté du 10. Avril 1699. la verité estoit
qu'il ne lui avoit rien fourni ; ce que Briand a fait en fraude des autres Associez & du Supliant ; bien entendu qu'il n'a point fait ces sortes de nego-
ciations sans en tirer du profit ; ce qui fait voir qu'il n'a pas agy avec sim-
plicité, comme il le supose , & qu'au contraire il a preferé ses propres interests à la fidelité qu'il devoit aux Compagnies : c'est pourquoy le Supliant
employe ladite treiziéme piece qui est icy tenuë pour cottée par   M.

Les 14. 15. & 16. pieces justifient que Briand a payé plusieurs sommes sur
les ordres du Sieur de Mailly de Charueüil au Sieur Ferlet Agent de Change , & dont le Sieur de Mailly promet luy tenir compte sur les Etats d'é-
margemens du Contrôlle des Bancs de Mariage de Flandres, lesdites ordres
au nombre de deux dattées du même jour 16. Mars 1699. & qu'il a payé au
Sieur Plache le contenu de plusieurs Reconnoissances qu'il avoit payées au
Sieur Martine , toutes ces pieces font voir que Briand disposoit du fond de
ses Caisses en faveur de qui bon lui sembloit : c'est pourquoy le Supliant
employe icy lesdites 14. 15. & seiziéme pieces de ladite cotte 406. & est ledit employ icy tenu pour cotté par   N.

Il est necessaire d'observer à la Cour en cet endroit un fait important,
qui est que Briand en disposant du fond de ses Caisses , a eu la malice de ne
point accuser dans ses Comptes les Reconnoissances qui lui avoient esté
données par les Sieurs Goujon , Hervé , Gensse , Mailly & autres , ce qui
a alteré le fond des Caisses , & formé des debets sur Briand au profit des
Compagnies , & il a retenu pardevers lui les Reconnoissances pour se les
aproprier ; Tromperie insigne qu'il a faite au Supliant , tant de son chef que
comme sa caution. La preuve de ce fait important resulte des Comptes

qu'il a rendus, & de ceux qu'il a presentez, lesquels se trouvent parmy ses papiers sous les cottes 497. & 498. qui seront icy employées, comme une preuve certaine & démonstrative du crime de Briand, de ses fraudes & tromperies, & est ledit employ icy tenu pour cotté par   **O**.

La cotte 408. est un Registre pour servir à la depense du Traité des Foires & Marchez de la Generalité d'Orleans, sur lequel sont écrits, tant de la main de Briand, que de celle de Desroziers son Commis les payemens par lui faits au Bureau General, ensemble les sommes payées pour droits de presence, & autres menus frais. Ce Registre tenu en bon ordre par Briand justifie de plus en plus qu'il a toûjours fait la fonction de Caissier.

Pour la justification de ces faits, le Supliant employe ce Registre cotté 408. & icelui tenu pour cotté par   **P**.

La cotte 410. est un Registre des Droits de presence payez par Briand aux Interessez dans le Traité des Foires & Marchez de Paris, Amiens & autres Generalitez, en marge duquel Registre sont les sommes en chiffre à costé de chaque article, écrits de la main du Supliant, & les interests qu'il leur a payez; ce qui justifie que Briand avoit les fonds dudit Traité entre ses mains, puisqu'il payoit aux Interessez leurs droits de presence.

Pour la justification de ce fait le Supliant employe ladite cotte 410. qui est icy tenuë pour cottée par   **Q**.

La cotte 411. est un Registre de Recette tenu par Briand concernant le Traité des Foires & Marchez de la Generalité d'Orleans, par lequel il paroist qu'il a reçû des Sieurs Passerat, Gensse, Guignonville & du Supliant Interessez dans ce Traité la somme de 5000 liv. pour leurs avances, ausquels il a delivré ses Recepissez, duquel Registre le Supliant tire pareille induction que dessus.

Pour justification de ce fait, le Supliant employe ledit Registre cotté 411. qui est icy tenu pour cotté par   **R**.

La cotte 412. est un Registre de Depense du Traité des Foires & Marchez de la Generalité de Paris, & autres, par lequel il paroist que Briand a payé au Sieur de Bony à la décharge du Traité une somme de 23750 livres.

Au sixiéme feüillet du même Registre est un Ecrit de la main de Desroziers Commis de Briand, contenant les payemens faits à cause des Droits de presences distribuez à la Compagnie, c'est la même somme que celle portée au Registre de la cotte 410. ce qui justifie que Briand prenoit toutes les précautions necessaires dans ses affaires, & même qu'il en prenoit de sur-abondantes, en faisant faire des doubles des Registres qu'il tenoit.

Au quinziéme feüillet est le detail de la depense faite par Briand pour menus frais concernant le même Traité, dans lequel l'on remarque toute l'exactitude de Briand, puisqu'il y employe en depense douze sols pour port d'argent.

Pour la justification des faits cy-dessus, le Supliant employe ledit Registre cotté 412. qui est icy tenu pour cotté par   **S**.

La Cotte 413. est un Registre des droits de presence payé par Briand à la compagnie du Traité des Foires & Marchez de la Generalité d'Orleans, dont la plus grande partie est écrite de sa main, & sur lequel sont plusieurs Reçûs des Associez, & entre autres de Jacques Passerat; ce qui justifie que Briand étoit maistre de cette Caisse, comme des autres, & qu'il recevoit & payoit suivant les ordres de la Compagnie.

Pour justification des Faits, le Supliant employe ledit Registre cotté 413. & est ledit Employ icy tenu pour cotté par   **T**.

La Cotte 414. est un Registre des Deliberations de la Compagnie du
Soû-traité

soûtraité des Foires & Marchez, & Ventes des Offices de Mesureurs
de Grains dans les Generalitez de Paris, Amiens, & autres, par lequel
il paroist que le Supliant a remis à Briand Caissier de ladite Compagnie
le ving-cinq Mars 1698. la somme de 53350. livres provenant du Remboursement du Controlle des Actes des Notaires de l'Election de Chartres, que
le Supliant avoit receu au Tresor Royal conformement à la deliberation
du même jour vingt-cinq Mars, ainsi qu'il en est fait mention en marge
de la deliberation qui est signé Gensse & Bigodet, de laquelle somme il se
charge en recette par le Compte qu'il a presenté à la Compagnie le vingt
neuf Mars 1699. qu'elle a aresté, & qui est sous la Cotte 134. des papiers du Supliant, sur lequel Registre sont encore plusieurs Deliberations
de la Compagnie, pour raison d'emprunts par elle faits, par lesquelles
il est fait mention que les Billets d'emprunts y mentionnez ont esté remis à
Briand, ainsi qu'il paroist par ses Reconnoissances étant en marge de cha-
cune Deliberation, duquel Registre le Supliant tire pareilles inductions que
dessus, & prouve qu'il n'a retenu aucuns fonds, & qu'au fur & à mesure
qu'il en a receu, il les a remis à Briand.

Pour la justification de ces Faits, le Supliant employe ledit Registre
cotté 414. & est ledit employ icy tenu pour cotté par   **Y.**

La cotte 415. est un Registre de Recette faite par Briand concernant le
Soû-traité des Foires & Marchez, & Mesureurs de Grains des Generalitez
de Paris, Amiens, & autres, dont l'Intitulé est écrit & signé Gensse l'un
des Interessez, & de lui cotté & paraphé, où il paroist que le Supliant a
remis à Briand ses fonds d'avances, ainsi que les autres Interessez; sur lequel Registre est aussi porté en recette les emprunts faits par la Compagnie, ensemble les sommes reçûës de plusieurs Debiteurs, & entr'autres
du nommé de Biancourt Fermier du Mesurage des Grains d'Auneau, sur
lequel Registre il y a plusieurs articles barrez, & quantité de feüillets en
blanc entre les articles de recette, même des sommes registrées aprés coup,
écrits de differentes mains, & entr'autres de celle de Desroziers; ce qui
montre visiblement l'infidelité de Briand dans les fonctions de ses Emplois,
& les faussetez par lui faites, & que Desroziers son Commis estoit son homme affidé, puisqu'il lui confioit ses Registres de recette pour y écrire les
sommes qu'il recevoit.

Pour la justification de ce que dessus, employe ce Registre cotté 415. &
est ledit employ icy tenu pour cotté par   **X.**

La cotte 416. est un Registre tenu par Briand de la recette & depense
par lui faite pour raison du Traité des Foires & Marchez cy-dessus, lequel
est écrit de sa main & de celle de Desroziers son Commis, ce qui continuë
de justifier qu'il estoit Caissier du Traité, & que Desroziers estoit son
Commis.

Pour la justification de ces faits, employe le Supliant ledit Registre cotté 412. & est ledit employ icy tenu pour cotté par   **Y.**

La cotte 417. est un autre Registre de recette & depense tenu par Briand
pour le Traité des Foires & Marchez, & Mesureurs de Grains de quelques
Elections de la Generalité de Paris, par lequel il paroît que Briand a reçû
differentes sommes provenans des produits de differentes Generalitez.

Pour justifier de ce fait, le Supliant employe ledit Registre icy tenu pour
cotté par   **Z.**

La cotte 418. est un Registre journal de Briand, sur lequel est écrit de
sa main les sommes par lui reçûës de la premiere Compagnie des Mesureurs de Grains des Generalitez de Paris, & autres, pour les avances des
Interessez audit Traité, ausquels il a delivré ses Recepissez, lesquels il a
depuis remboursez; ainsi qu'il a esté cy-devant justifié par les pieces cy-

C

devant produites qui font fous la cotte 405. fur lequel Regiftre eft auffi porté en recette plufieurs fommes concernant differentes affaires dont Briand
eftoit Caiffier, & plufieurs articles d'icelui rayez, pour raifon defquelles
ratures le Supliant a fait fes proteftations dans le Procés verbal de recollement du Commiffaire Gorillon.

Pour juftifier de ce que deffus, le Supliant employe ledit Regiftre cotté
418. & ledit Procés verbal de recollement du Commiffaire Gorillon, qui
font icy tenus pour cotté par   &.

Sous la cotte 419. eft un Regiftre journal écrit de la main de Briand, où
il a fait mention de tous les fonds que les Compagnies lui ont remis pour
les Bans de Mariage, & une partie de ce que les Commis de Provinces lui
ont envoyez des produits defdites Fermes & Traitez, depuis le 18. Novembre 1697. jufqu'au 9. Octobre 1700. duquel Journal la Cour eft fup-
pliée de prendre lecture, par lequel elle connoîtra que Briand a receu &
payée, concernant ledit Traité, la fomme de 3885173 liv. 9 deniers.

L'on voit auffi fur ce Regiftre qu'il a couché en depenfe plufieurs fommes tres-legeres, comme de vingt-un fols fix deniers, de quatre livres dix
fols, & autres de cette qualité.

Il n'eft pas poffible de voir ce Journal fans eftre perfuadé que Briand
agiffoit par lui-même, qu'il faifoit fes propres affaires, & qu'il eftoit veritablement le Caiffier des Compagnies, y ayant fur ce Journal un ordre na-
turel de toutes les fommes qu'il a reçûes & payées jour par jour, & datte
par datte. Si le Supliant avoit efté maiftre de fes Caiffes, comme il dit, le
Journal ne fe trouveroit pas entierement écrit de la main de Briand, il auroit fait des obfervations au fujet du Supliant pour fa décharge ; mais au
contraire il a en plufieurs endroits fait mention des fommes qu'il a reçûes
du Supliant pour fes avances dans les Traitez où il avoit intereft, & dont
Briand eftoit Caiffier. S'il eftoit vray que le Supliant fût demeuré maiftre
du fond des Caiffes, Briand auroit-t'il manqué de prendre des Reconnoiffances du Supliant, ou tout au moins de faire mention à cofté de l'article
de fa recette, & que le Supliant ne lui auroit rien fourni. Le Supliant l'a-
t'il forcé de faire ce Journal, s'eft-il plaint durant cinq années entieres ?
peut-on croire qu'un Caiffier pourvû d'une Charge de Contrôlleur des
Rentes, fe chargera de plufieurs millions à la priere d'un Intereffé, fans tirer la moindre Reconnoiffance, & fans aucunes plaintes durant ce tems.

Pour la juftification de tous ces faits, le Supliant employe ledit Journal
de Briand qui eft fous la cotte 419. laquelle eft jointe au procés, & eft ledit employ icy cotté par   AA.

Sous la cotte 424. eft un broüillon écrit par Briand de plufieurs fommes
qu'il a reçûes lui-même comme Caiffier des Compagnies, depuis le 24.
Avril 1700. jufqu'au 11. Decembre enfuivant. Le premier article de ce
broüillon juftifie l'exactitude qu'il avoit pour fes propres interefts, ayant
mis en marge à cofté du premier article ces mots (*à moy huit fols*) lefquels
il retenoit à fon profit pour le port, fupofant avoir fait recevoir l'argent par
fon porteur ; d'où il refulte encore que Briand tenoit un bon ordre, & qu'il
ne negligeoit rien de fes interefts.

S'il a bien veillé à conferver huit fols qui ne lui appartenoient point le-
gitimement, il eft à prefumer qu'il n'auroit pas negligé de retirer des Reconnoiffances, que le Supliant auroit dû lui donner, s'il lui avoit remis
les fommes mentionnées en fes Journaux, comme il le fuppofe malicieufe-
ment.

Pour la juftification de ces faits, employe le Supliant ladite cotte 424.
icy tenuë pour cottée par   BB.

Sous la cotte 426. eft un Regiftre concernant les Fermes des Domaines d'Auvergne du bail de Thiberge, sur la fin duquel Briand a écrit plusieurs sommes qu'il a reçuës des Arrieres-Fermiers, des Commis sur les lieux, & des Sieurs Goujon, Couturier & de la Halle, qui ont traité des Restes, tant des Fermes que de l'Allienation ; ce qui fait voir de plus en plus que Briand a toûjours administré par lui-même le fond de ses Caisses , sans que le Supliant s'en soit mêlé, ny qu'il y ait pris part en aucune maniere ; c'est pourquoy le Supliant employe icy ledit Registre qui est icy pour cotté par CC.

Sous la cotte 441. est un Registre tenu par Briand de la depense du Traité des Foires & Marchez de la Generalité d'Orleans, premiere Compagnie, lequel Registre continuë de justifier que Briand estoit veritablement Caissier de cette Compagnie, en ayant fait toute la depense.

Pour la justification de ce fait, le Supliant employe icy ledit Registre, & ledit employ tenu pour cotté par DD.

Sous la cotte 442. est un Registre de Déliberations de la Compagnie des Interessez en la Ferme des Domaines de la Generalité d'Orleans, du Traité de l'Allienation des Domaines de la même Generalité, qui a commencé le premier Juillet 1696. Ce Registre contient toutes les Déliberations de cette Compagnie, pour raison des emprunts qu'elle a faits par billets, qui ont esté remis à Briand pour les negocier, ainsi qu'il se voit par ses Réconnoissances en marge des Déliberations : Si Briand n'avoit pas esté Caissier, & s'il n'avoit pas esté maistre de sa Caisse, il ne se seroit pas chargé des billets ; & s'il estoit vray qu'il eût remis ces billets au Supliant, comme il le supose contre la verité, il en auroit des Reconnoissances, puisque l'on voit que pour de tres-legeres sommes il en a pris du Supliant ; & aujourd'huy il est assez hardy de dire qu'il lui a confié plusieurs millions sans en avoir pris aucunes sûretez.

Pour la justification de ces faits, le Supliant employe icy ledit Registre 442. & ledit employ tenu pour cotté par EE.

Sous la cotte 443. est un Registre des Droits de presence de l'Allienation & Ferme des Domaines de la Generalité d'Orleans, qui a commencé le premier Juillet 1696. jusqu'au 26. Mars 1698. par lequel il paroist que Briand a payé les Droits de presence aux Sieurs Passerat, Poussy, Geisse, & au Supliant ; ce qui justifie de plus en plus qu'il a administré la Caisse par lui-même ; car ayant payé, c'est une preuve qu'il avoit en ses mains les deniers des Compagnies.

Pour la justification de ce fait, le Supliant employe ledit Registre, & ledit employ cy tenu pour cotté par FF.

Sous la cotte 444. est un Registre des Droits de presences de la Ferme & Allienation des Domaines d'Orleans, pour l'année commencée au quatre Juin 1695. & finie au 30. Juin 1696. dans laquelle Ferme le Supliant estoit Interessé avec le Sieur Geisse son beau-frere. Ces Droits de presence ont esté payez par Lespinay, cy-devant Caissier du Supliant, au Sieur Geisse & à lui, jusqu'au trente Juin 1696. que Passerat & Poussy se sont associez avec eux.

Briand est entré Caissier du Supliant en la place de Lespinay, & non pour estre Valet, & prester son nom, comme il le supose ; la preuve résulte en general des papiers de Briand & d'une infinité d'Actes, & encore en particulier d'un projet de Compte dressé par Briand de la Ferme & du Traité des Domaines d'Orleans, par lequel il a fait mention en recette & en depense de ce qui a esté fait du tems de Lespinay pour rendre un Compte entier & complet : ce qui démontre certainement que Briand a succedé à la Caisse de Lespinay, & qu'il n'est entré chez le Supliant qu'en qualité de Caissier. Un Contrôlleur des Rentes qui avoit un Employ à la Poste aux appointemens de 1200 livres , ne feroit point entré avec le Supliant pour eftre fon Valet , & lui prêter fon nom.

Pour la preuve de ce qui vient d'eftre dit , employe le Supliant le Regiftre cotté 444. & l'employ tenu pour cotté par   GG.

Sous la cotte 450. eft un Regiftre tenu par Briand, qui contient la Recette du Soû-traité des Offices de Contrôlleurs des Bancs de Mariage & Jurez Prifeurs des Generalitez de Tours , Orleans , & autres ; cotté & paraphé par le Sieur Genffe le 15. Novembre 1697. & dont la recette commence le même jour des fonds faits par la Compagnie , montant à 125000 livres, où il paroift que le Supliant a payé à Briand 12500 livres pour fa part du fond.

Il paroît encore par ce même Regiftre que la Compagnie a fait pour 78000 livres de billets dattez du premier Juin 1698. payables au premier Janvier 1699. mis és mains de Briand.

Comme auffi que Briand a reçeu d'Edme Legrand & de François Royer Acquereurs des Offices de Contrôlleurs des Bans de Mariage & Jurez Prifeurs de la Ville & Generalité de Paris , & autres des fommes tres confiderables ; montant à fept cens quatre-vingt-feize mil quatre cens foixante-huit livres treize fols quatre deniers , dont Briand fe trouve chargé par ce Regiftre.

Il ne tombera jamais fous le fens que Briand ait mis és mains du Supliant toutes ces fommes fans en tirer de Reconnoiffances , ou du moins en faire mention fur fes Regiftres , d'autant plus qu'il paroît que pour des fommes modiques il a retiré des Reconnoiffances du Supliant. Il faut ajoûter à cela que par ce Regiftre cotté 450. il a acculé 12500 livres reçûës du Supliant pour fa part du fond d'avance dans ledit Traité du Contrôlle des Bans de Mariage des Generalitez de Tours, Orleans, & autres, fans qu'il ait fait aucune mention en marge de n'avoir pas reçû, outre que le Supliant a fon Recepiffé qui eft parmy fes papiers qui font au Greffe : d'ailleurs Briand a prefenté un Compte de la regie de la Caiffe de ce Traité , par lequel il s'eft chargé en recette de cette fomme.

Ainfi l'on voit trois Pieces convaincantes ; la premiere fon Regiftre de recette ; la feconde le Recepiffé qu'il a fourni au Supliant ; & la troifiéme le Compte qu'il a prefenté à la Compagnie qui eft dans fes papiers.

Pour la juftification de ce que deffus , employe le Supliant ledit Regiftre cotté 450. & l'employ icy tenu pour cotté par   HH.

Sous la cotte 451. eft un Regiftre de Recette du Soûtraité des Offices de Contrôlleurs des Bans de Mariage de la Generalité d'Amiens , & autres, par lequel Regiftre il fe voit qu'il a reçeu le 15. Novembre 1697. la fomme de 68000 livres du fond fait par la Compagnie , dans lequel il paroift que le Supliant lui a payé 8500 livres pour 2 f. 6 den. d'intereft ; ce qui eft encore juftifié par fon Recepiffé & le Compte qu'il a prefenté à la Compagnie.

Par le même Regiftre l'on voit que Briand a encore reçeu le premier Avril 1698. la fomme de 464000 livres pour le fond de la feconde Compagnie.

Il paroift encore par le même Regiftre que le Supliant a payé à Briand 58000 liv. pour 2 f. 6 den. qu'il avoit dans l'acquifition defdits Offices.

Briand eft encore convaincu d'avoir reçeu cette fomme, par trois pieces indubitables ; la premiere fon Regiftre , la feconde fon Recepiffé , & la troifiéme par le Compte prefenté à la Compagnie.

Pour juftification de ce que deffus , employe le Supliant ledit Regiftre cotté 451. & eft icy tenu pour cotté par   II.

Sous la cotte 452. eft un Regiftre de recette tenu par Briand , comme Caiffier de la Compagnie de la Ferme du Contrôlle des Bans de Mariage

des

des Generalitez de Champagne, Moulins, & autres, & de la Ferme du Contrôlle des Exploits de Franche-Comté du Bail fait à Rollin, à commencer la joüissance du premier Avril 1699. par lequel il paroît que Briand a receu 153000 livres des Sieurs Toupet, Guillierand, Lemée, & autres. Ce Regiltre est entierement écrit de la main de Briand, & justifie de plus en plus qu'il a toûjours esté le maistre du fond de ses Caisses, & qu'il les a administrées en la même maniere que les autres Caissiers des Gens d'Affaires, si ce n'est qu'il en a diverty les fonds; ce qui est un crime en sa personne qui doit estre puny extraordinairement.

Pour la justification de ces faits, le Supliant employe ledit Regiltre cotté 452. & est l'employ icy tenu pour cotté par   **LL.**

Sous la cotte 453. est un Regiltre de recette des fonds d'avances fait par la Compagnie des Acquereurs des Offices de Contrôlleurs des Bancs de Mariage des Generalitez de Champagne, Amiens, & autres sous le nom de Potel, par lequel il paroît que le Supliant a payé 75000 livres à Briand, sçavoir 30000 livres sous son nom, & 45000 livres sous les noms des Sieurs Therard & de Lamagdelaine, suivant trois Recepissez qu'il en a fournis; cependant par le Compte qu'il a presenté il ne s'est chargé en recette que de 265000 livres, de sorte que frauduleusement il a voulu s'apliquer 3000 livres, ayant seulement porté dans ce Compte 10000 liv. qu'il accuse avoir receu des Sieurs Thirard & de Lamagdelaine, au lieu de 45000 livres qu'il a receu du Supliant sous les mêmes noms, ainsi qu'il est justifié par ses Recepissez & ledit Regiltre : ainsi l'on voit continuellement le divertissement & les fraudes de Briand.

Le Compte presenté par Briand est sous la cotte 497. dont il est parlé cy-dessus, & dont le Supliant a tiré ses inductions ; ce Compte & le Regiltre cotté 453. concourent à une même preuve des sommes receuës par Briand, du divertissement qu'il en a fait, & de son infidelité: c'est pourquoy la Cour aura, s'il lui plaist agreable de reünir les observations & les inductions de ces deux cottes 453. & 497. aprés-quoy la Cour sera tres-persuadée de la mauvaise foy & de la tromperie de Briand.

Par ce même Regiltre cotté 453. il est fait mention des emprunts faits par la Compagnie par differentes Déliberations, dont les billets ont esté mis és mains de Briand, comme il l'accuse par ledit Regiltre.

Ce même Regiltre 453. fait encore mention des sommes remises à Briand par les Commis des Provinces, & en marge de l'endroit où il accuse la reception de ce qu'il a receu de ces Commis, il a fait une notte des sommes receües par le Supliant, l'une de 1000 livres, & l'autre de 700 liv. envoyées par le Sieur Dupuy les 26. Juin & 13. Septembre 1698. ce qui justifie que Briand n'a rien oublié lors qu'il a esté question de tenir un bon ordre pour ses interests.

Pour la justification de ces faits employe le Supliant ledit Regiltre cotté 453. & ledit employ icy tenu pour cotté par   **MM.**

La cotte 460. est un Regiltre de Depense faite par Briand comme Caissier du Traité des Bancs de Mariage des Generalitez de Paris, & autres, & des billets qui lui ont esté remis par la Compagnie ; ces billets sont tous détaillés par sommes, dattes & écheances sur ledit Regiltre, d'où il resulte que c'est Briand lui-même qui a tenu cette Caisse, & qu'il a fait toutes les fonctions de Caissier, & non le Supliant, comme il le supose malicieusement.

Pour la justification de ce fait, employe le Supliant ledit Regiltre cotté 460. ledit employ icy tenu pour cotté par   **NN.**

Sous la cotte 476. est un Regiltre non convert, entierement écrit de la main de Briand, de tous les deniers comptans qu'il a reçûs, & fait recevoir par son porteur d'argent, suivant l'usage de tous les Caissiers. Ce Registre commence au 14. Mars 1697. & finit au 11. Décembre 1700. les sommes y portées montent à plus de trois millions de livres, sur lequel il y a des quitances de son porteur pour les voyages.

La Cour est supliée de voir ce Registre tout au long, les noms des Particuliers qui ont payé, les dattes des jours des payemens faits à Briand & à son porteur y sont exactement écrits. S'il estoit vray que Briand ne fit que prester son nom au Supliant, comme il le supose faussement, auroit-t'il entierement écrit de sa main un Registre de cette qualité, sans faire mention au titre ou à la fin qu'il avoit remis les sommes y mentionnées au Supliant, ou à ses ordres? Le Supliant ne l'a point forcé de tenir ce Registre; cinq années consecutives sont assez considerables pour persuader que Briand a véritablement reçû toutes les sommes y mentionnées. Un preste-nom, un Valet que Briand supose avoir esté du Supliant, au lieu de Caissier, ne garde pas tout l'ordre que l'on voit qu'il a tenu, & ne dispose point du fond des Caisses, comme il a fait. & il n'y a point d'exemple de facilitez semblables à celles que Briand dit avoir eu.

Pour la justification de ce que dessus, employe le Supliant ledit Registre cotté 476. qui est joint au procés, & ledit employ icy tenu pour cotté par   OO.

Il faut, s'il vous plaît, MONSIEUR, observer un fait important qui fait voir la malignité de Briand, & qui détruit & ruine de plus en plus les supositions qu'il a faites; que le Supliant estoit maistre de ses Caisses. Ce fait est, que toutes les fois que le Supliant mettoit entre les mains de Briand son Caissier & des Compagnies des fonds d'avances, argent, effets ou billets, Briand lui en donnoit des Reconnoissances, & lors que le Supliant comptoit avec lui, il lui remettoit ses Reconnoissances. cela se justifie par les pieces qui sont sous la cotte 486. sous laquelle il y a pour deux millions quatre cens quarante-huit mil quatre cens soixante-quatre livres trois sols cinq deniers de Reconnoissances, que Briand avoit donné au Supliant au fur & à mesure qu'il lui mettoit des effets entre les mains, & que Briand a retirées depuis, les signatures desquelles il a barrées, & dechiré quelqu'unes d'icelles; il est même certain que presque toutes lesdites Reconnoissances sont écrites de sa main: il n'est donc pas vray (sauf le respect de la Cour) qu'il se soit abandonné au Supliant, qu'il n'ait gardé aucun ordre ni regle avec lui, & qu'il soit demeuré maistre absolu du fond de ses Caisses. L'on peut dire avec verité que Briand est convaincu de calomnie tres-évidente.

Pour la justification de ces faits, le Supliant employe ladite cotte 486. & toutes les Reconnoissances & Pieces mentionnées en icelle, dont la Cour est tres-humblement supliée de faire lecture, & de donner son attention à ce fait qui est tres-important, & ledit employ cotté icy par   PP.

Sous la cotte 487. est une notte de trois billets montant à 12000 livres, signée de Briand, comme il fait mention par la notte qu'il a fait ces billets pour acquitter les Debets des Comptes qu'il a rendus aux Interessez du Traité de la recherche des faux Nobles des Generalitez de Paris, Bourgogne, & autres, iceux Comptes arrestez le 20. May 1699. par les Sieurs Passerat, Clement, Gevigny, Delahalle, d'eux & de Briand signez, qui sont sous la cotte 509. & dans lesquels Traitez le Supliant n'avoit point d'interest; ce qui justifie que Briand estoit non-seulement son Caissier, & des Compagnies où il avoit interest, mais encore qu'il estoit Caissier d'autres Compagnies.

Pour la justification de ce fait employe ladite notte sous ladite cotte 487. ensemble lesdits Comptes sous la cotte 509. & ledit employ icy tenu pour cotté par

Sous la cotté 488. sont plusieurs Reconnoissances des sommes que Briand a remboursées à differents Particuliers, comme Caissier de la Compagnie du Traité des Mesureurs de Grains des Generalitez de Paris, Orleans, & autres, parmy lesquelles il y en a une du Sieur Bigodet l'un des Interessez, faisant mention que Briand lui a remis son Recepissé pour recevoir une somme de 6000 livres du Sieur Colombier; ce qui justifie que Briand estoit Caissier du Traité.

Pour la justification de ce fait, employe le Supliant toutes les Reconnoissances qui sont sous cette cotte 488. & est ledit employ icy tenu pour cotté par   R R.

Sous la cotté 491. les premiere & seconde pieces sont deux Ordres signées Goujon, Gensse & du Supliant au profit de Briand, l'une de la somme de 3812 liv. 10 s. & l'autre de 4937 liv. 10 s. du premier Juin 1699. pour la negociation & interests de la somme de 100000 livres de billets par lui negociez à neuf pour cent, où il est fait mention que les billets sont ceux qu'il a reçûs de la Compagnie de Rolin, faisant partie du remboursement de la somme de 186000 livres qu'il a reçûe pour la Compagnie de Potel, à cause du remboursement des Offices de Controlleurs de Bans de Mariages; ce qui justifie qu'il a receu les billets, comme Caissier; & les a negociez.

Pour justification de ce fait, employe le Supliant les premiere & seconde Pieces de ladite cotte 491. & est led. employ icy tenu pour cotté par   SS.

Sous la cotte 492. sont les Etats & Pieces concernant le Traité des Mesureurs de Grains de differentes Generalitez, ensemble des Recepissez de Briand qu'il a remboursé au Sieur Passerat & autres Interessez & projets de Comptes par lui dressez concernant ledit Traité dont il estoit Caissier. Ces Etat & Recepissez fournis aux Interessez, qu'il a eu soin de retirer lors du remboursement qu'il en a fait, & les projets de Comptes par lui dressez, sont autant d'Actes qui font preuve contre lui, & qui détruisent ce que malicieusement il a eu la temerité d'avancer qu'il n'a jamais esté Caissier, mais un Preste-nom, ces pieces se sont trouvées dans sa chambre, ainsi qu'il est fait mention au Procés verbal du Commissaire de Beaumont.

Pour la justification de ces faits, employe le Supliant ladite cotte 492. & est l'employ icy tenu pour cotté par   TT.

Sous la cotte 493. la troisième piece est un Compte rendu par Briand, presenté le 28. Mars 1699. à la Compagnie des Interessez au Traité des Foires & Marchez des Generalitez de Paris, Amiens, Orleans, & autres, de la recette & depense par lui faite depuis le premier Aoust 1696. jusqu'au dernier Mars 1699. par lequel il paroît reliquataire de la somme de 1187 livres 11 s. 2 den: & convient du reliqua par l'arresté d'icelui Compte, signé enfin Bigodet, Poussy, Gensse & du Supliant, le double duquel compte est signé de Briand, sur lequel non plus que sur celui qui est la piece trois cy-dessus, il n'a fait nulles protestations ny reserves lors de l'arresté du Compte, qu'il ne dut aucune chose du debet de ce Compte.

La quatrième piece de la même cotte, est un autre Compte que Briand a presenté le 17. Novembre 1700. aux Sieurs Passerat, Poussy, Gensse & au Supliant, pour la recette & depense par lui faite depuis le premier Novembre 1696. jusqu'au dernier Octobre 1700. pour l'Arriere-traité des Mesureurs de Grains des Generalitez de Soissons, Amiens, & autres, que lesdits Sieurs avoient en leur particulier, dans lequel Compte est fait mention des sommes qui avoient esté receües par le Supliant, & employées à l'acquittement des billets desdits Sieurs Interessez, lesquels billets le Supliant a remis à Briand, suivant sa Reconnoissance, qui est la piece 78.

de la cotte 486. & qu'il a employez en depense dans ledit Compte arresté le 18. Novembre 1700. signé Passerat, Pouily, Genffe, & du Supliant, & le double du Compte aussi signé desdits Sieurs, & de Briand Comptable, par lequel Compte il paroît que Briand est en avance de la somme de 10245 livres 10 f. 9 den. ce qui fait de plus en plus connoître que Briand estoit Caissier.

Pour la justification de ces faits, le Supliant employe lesdites trois & 4.e pieces de la presente cotte 493. & ladite piece 78. de la cotte 486. & est l'employ icy tenu pour cotté par   V V.

La seconde piece de la cotte 494. est un ordre donné à Briand pour la Compagnie le 17. Mars 1698. où il est fait mention qu'il payera au Supliant la somme de 48100 livres, à quoy se montent six billets de la Compagnie du Traité du Contrôlle des Bancs de Mariage de Tours, Orleans & autres, que le Supliant avoit pris pour son Compte, lequel Ordre est signé Goujon, Chauton, Genffe, Thevenin, Hervé, Regnouf, Guillierand & le Rouvillois, tous Interessez dans le Traité; cette piece justifie encore que Briand estoit veritablement Caissier.

Pour la justification de ce fait, employe le Supliant les pieces de ladite cotte 494. & est ledit employ icy tenu pour cotté par   XX.

La cotte 495. contient sept Pieces, qui sont Comptes des Commis employez dans la Generalité de Champagne, par lesquels il paroist que Briand a receu les debets desdits Compte, & a payé les sommes dûës à ceux qui se trouvoient en avance, icelles pieces servant de pieces justificatives de depense au Compte qu'il a presenté à la Compagnie le 4. Février 1700. qui est sous la cotte 497.

Lesquelles pieces le Supliant employe comme servant à justifier que Briand estoit Caissier du Traité, & de la Ferme du Contrôlle des Actes, Petits Sceaux & Contrôlle des Bans de Mariages de ladite Generalité de Champagne, & est ledit employ icy tenu pour cotté par   ZZ.

Sous la cotte 497. est un Compte presenté par Briand le 4. Février 1700. aux Interessez en l'acquisition des Offices de Contrôlleur des Bancs de Mariage de la Compagnie de Potel, de la recette & depense par lui faite concernant ledit Traité, par lequel il s'est chargé entr'autres choses de la somme de 572000 liv. pour le remboursement de la finance & deux sols pour livre desdits Offices, lequel Compte est apostillé de la main des Sieurs Goujon, & de Mailly Interessez, & du Sieur Renouf Arbitre nommé, lequel Compte justifie que Briand estoit Caissier dudit Traité.

Pour justification de ce que dessus, le Supliant employe ledit Compte tenu icy pour cotté par   & &.

Sous la cotte 500. est une Reconnoissance du Supliant de 291500 livres du 20. Juin 1698. que Briand a employée en depense dans le Compte qu'il a presenté à la Compagnie le 4. Février 1700. qui est sous la cotte 497. Cette Reconnoissance justifie que Briand n'a jamais rien remis au Supliant sans en tirer Recepissé; le surplus des pieces de cette cotte au nombre de 189. sont tous billets de la Compagnie acquittez par Briand Caissier, avec les ordres à luy donné, & états de repartition employez par luy en depense dans le Compte du 4. Février 1700. toutes les pieces contenuës en cette cotte justifient que Briand a esté certainement Caissier.

Pour la justification de ces faits, employe le Supliant les pieces contenuës en ladite cotte 500. & est l'employ icy tenu pour cotté par   A A A.

Sous la cotte 501. la cinquiéme piece est une Reconnoissance de Briand du 25. Aoust 1698. de la somme de 66000 livres receuë de Maistre Edme Legrand Soûtraitant des Bancs de Mariage des Generalitez de Tours, Orleans & autres, dont la signature est enlevée.

La

La sixiéme, est une pareille Reconnoissance donnée audit Legrand, dont la signature est aussi enlevée.

Les 7. 8. & 9. pieces sont des Recepissez de Briand, dont les signatures sont aussi enlevées.

La 10. est un Recepissé de Briand, par lequel il paroît qu'il a receu du Sieur Hervé 30000 livres pour sa part, à cause de son interest en l'acquisition des Bancs de Mariage des Generalitez de Moulins, Auvergne & autres, en datte du premier Juillet 1698. dont la signature est biffée.

La 11. est un Etat des fonds qui devoient estre faits pour raison de l'acquisition du Controlle des Bancs de Mariage des Generalitez de Moulins, Auvergne, & autres, en marge duquel il paroît que le Supliant a payé pour sa part en trois articles 75000 livres, iceluy Etat écrit de la main de Briand.

La dix-huitiéme piece est un Recepissé du Sieur Rouxelin du 20. Février 1698. de la somme de 26833 liv. 6 s. 8 den. pour le prix du Bail de la Ferme du Controlle des Actes de Notaires du Departement de Monsieur de Bagnols, au pied duquel est une Reconnoissance du Supliant du 10. Avril 1698. contenant que Briand lui a remboursé le montant pour la Compagnie ; cette piece justifie que le Supliant n'a pris argent ny papiers de Briand qu'il ne lui en ait fourny sa Reconnoissance, le surplus des autres pieces sont quittances du Sieur le Roux Caissier du Traité General, des payemens faits par Briand comme Caissier du Soûtraité : Toutes les pieces cy-dessus justifient que Briand estoit Caissier des Compagnies.

Pour la justification des faits cy-dessus, employe le Supliant ladite cotte 501. & est ledit employ icy tenu pour cotté par   BBB.

Sous la cotte 511. la premiere piece, est un Projet de Compte dressé par Briand Caissier du Soûtraité de l'Allienation des Domaines de la Generalité d'Orleans, sous le nom de Claude Marchand, & presenté à la Compagnie, de la recette & depense par lui faite, dans lequel il se charge en recette des emprunts faits par la Compagnie.

Plus se charge des sommes à lui remises par differents Particuliers & des Commis sur les lieux, employe en depense les payemens qu'il a faits au Sieur Buffart Caissier du Traité General, les acquittemens des billets de la Compagnie, & les interests qu'il a payez pour les emprunts, & autres depenses pour l'execution du Traité.

La seconde, est un Compte presenté par le Sieur de Lespinay pour la recette & depense par lui faite, auquel Briand a succedé.

La troisiéme piece est un autre Compte presenté par ledit Lespinay concernant la Ferme des Domaines d'Orleans, de la recette & depense par lui faite jusqu'au premier Juillet 1696.

Pour justification de ce que dessus, & que ledit Briand a esté réellement Caissier, & qu'il a succedé aux Caisses que tenoit ledit Lespinay, le Supliant produit la cotte & pieces cy-dessus, & est ledit employ icy tenu pour cotté par   CCC.

Sous la cotte 512. sont Recepissez des payemens faits par Briand au Sieur Buffart à la décharge du Traité, acquittement de billets de la Compagnie, ordres données par la Compagnie à Briand concernant la depense, & autres pieces justificatives d'icelles : toutes les Pieces de cette cotte au nombre de 138. justifient que Briand a esté Caissier.

Et pour la justification le Supliant les employe icy, & ledit employ tenu pour cotté par   DDD.

Aprés les inductions des papiers & pieces de Briand trouvez sous les scellez apposez dans sa chambre, & sur ses effets, de partie desquelles pieces le Supliant a eu communication, il faut presentement expliquer les preuves

E

qui refultent des papiers du Supliant trouvez fous les fcellez apofez fur fes effets, & faire voir de plus en plus la malignité de l'accufation de Briand, & qu'il eft convaincu du divertiffement du fond des Caiffes du Supliant & de fes Affociez, tant par fes propres papiers, que ceux du Supliant.

Les fept premieres pieces de la cotte 26. du Procés verbal du Commiffaire de Beaumont fourniffent des preuves tres-évidentes de ces veritez: les cinq premieres font cinq Recepiffcez de Briand, par lefquels il fe voit qu'il a receu 2164 liv. des Sieurs Grenat & Moignat Commis à Soiffons; ce qui prouve que Briand eftoit Caiffier, & qu'il recevoit les deniers provenans des Produits des Traitez & Fermes.

Ces Recepiffcez ont efté baillez en payement au Supliant par iceux Grenat & Moignac, & Briand en eft Comptable, & font lefdites pieces icy employées pour juftification de ce que deffus, & ledit employ icy tenu pour cotté par   EEE.

La fixiéme piece de cette cotte 26. eft une Reconnoiffance de Briand, qui prouve clair comme le jour que tout le fond des Caiffes paffoit en fes mains; cette Reconnoiffance fera icy tranfcrite tout au long pour mieux inftruire la Cour de ce qu'elle contient.

J E reconnois que M. de la Noüé m'a remis la fomme de deux cens quatre-vingt-fix mil livres qu'il a reçeuë du Trefor Royal, pour moitié de la fomme de cinq cens foixante-douze mil livres, à quoy fe monte la finance, & deux fols pour livre, des Offices de Controlleurs des Bancs de Mariage des Generalitez de Champagne, Moulins, Auvergne, Picardie, Artois, Flandres & Henault; laquelle fomme de deux cens quatre-vingt-fix mil livres ledit Sieur de la Noüé a reçeuë comme deffus, & provient du rembourfement fait par le Ray conformément à l'Arreft du Confeil du 31. Mars 1699. de laquelle je promets compter envers la Compagnie de Potel. Fait à Paris ce 10. Septembre 1699. Signé, Briand.

Pour Reconnoiffance de la fomme de 286000 liv.

Il n'eft rien de plus net ny de plus precis que cette Reconnoiffance, elle eft relative au Compte que Briand a prefenté à la Compagnie le 4. Février 1700. qui a efté apoftillé par les Sieurs Goujon & Mailly, deux des Intereffez, & par le Sieur Regnouf, qui avoit efté prié par la Compagnie pour regler des debats qui eftoient fur le Compte, lequel eft cy-devant employé fous la cotte 497.

Par ce Compte Briand fe charge au fixiéme chapitre de 572000 livres, laquelle fomme eft compofée des 286000 livres portées en la Reconnoiffance cy-deffus, faifant moitié defd. 572000 liv. & quant à l'autre moitié Briand l'a reçeuë des Cautions de la Compagnie de Rollin, que le Roy avoit chargé de rembourfer à la Compagnie de Potel Acquereurs des Offices de Controlleurs de Bancs de Mariage.

Si Briand n'avoit pas receu cette fomme de 572000 livres, il ne s'en feroit pas chargé en recette, & n'en auroit pas fourny fes Reconnoiffances, tant au Supliant, qu'aux Cautions de Rollin.

Pour la preuve de ce que deffus, & que ledit Briand a receu lefd. 572000 livres, employe ladite fixiéme piece de la cotte 26. enfemble ledit Compte du 4. Février, & eft ledit employ icy tenu pour cotté par   FFF.

La feptiéme piece de cette cotte 26. juftifie que le Supliant a remis à Briand 6600 livres d'une part qu'il avoit reçeuë des Maire & Echevins de la Ville d'Orleans, & 6126 livres 13 f. 10 den. d'autre part, & que le Supliant avoit receu de Legris Directeur de Chartres pour joüiſſances du Controlle des Actes de Notaires de ladite Election, deſquelles deux ſommes Briand a fait un Etat, en fin duquel eſt ſa Reconnoiſſance que le Supliant lui a remis leſdites deux ſommes, dont il s'eſt chargé en recette par le compte par lui preſenté à la Compagnie, qui eſt ſous la cotte 493.

S'il eſtoit vray, comme le ſupoſe Briand que le Supliant fût demeuré maître du fond des Caiſſes, & qu'il ne lui eût pas remis ces deux ſommes entre les mains, cette Reconnoiſſance de Briand n'auroit pas eſté faite, parce que le Supliant n'en auroit pas eu beſoin, il n'avoit qu'à garder les deniers pardevers lui, & Briand ne s'en ſeroit pas chargé dans ſes comptes, comme il a fait ; ce qui marque qu'il a receu effectivement le montant deſdites deux ſommes.

Pour juſtifier ce fait le Supliant employe icy ladite piece 7. & ledit employ icy tenu pour cotté par   GGG.

Les ſommes mentionnées dans les ſept premieres pieces d'icelle cotte 26. eſtant reünies enſemble, ſe trouvent monter à 300890 liv. 13 f. 10 den. que le Supliant a mis és mains de Briand, comme il eſt énoncé en icelles pieces.

Le Supliant ne produit pas ces pieces pour juſtifier qu'il ſoit Creancier de Briand de ces ſommes, mais ſeulement pour montrer que Briand les a receuës, & qu'il en eſt Comptable, tant envers lui, que ſes Aſſociez.

Sous la cotte 35. la huitiéme piece eſt un Recepiſcé de Briand de 6000 livres qu'il a receu du Supliant, dont il lui doit rendre compte.

Pour la juſtification de ce que deſſus employe ladite piece 8. de ladite cotte, & eſt ledit employ icy tenu pour cotté par   HHH.

Sous la cotte 231. eſt un Compte rendu par Briand de l'Allienation des Domaines d'Auvergne arreſté le 4. Juin 1700. ſigné en fin Mabire, Genſſe, Piet & du Supliant Intereſſez, & de Briand Comptable, par le finito duquel il ſe reconnoît reliquataire de 26238 livres 10 f. 4 den.

Briand ne peut pas dire qu'il ait eſté ſurpris dans la ſignature dudit Arreſté de Compte ; une preuve qu'il a reconnu qu'il eſtoit veritablement debiteur de cette ſomme, eſt qu'il a entierement écrit de ſa main ledit Arreſté de Compte.

Et pour juſtifier de ce que deſſus le Supliant employe ledit compte, & ledit employ tenu pour cotté par   I I I.

Le Supliant ayant juſtifié par les pieces cy-deſſus employées que Briand eſt comptable de pluſieurs ſommes conſiderables, & aux Compagnies où il eſt Intereſſé, il va prouver dans la ſuite de la preſente Requeſte les ſommes que Briand lui doit en particulier, & dont il eſt chargé par ſes Reconnoiſſances & Recepiſcez. Pour faire cette preuve & la rendre plus démonſtrative, le Supliant fera icy tranſcrire les Reconnoiſſances de Briand qu'il a trouvées dans une partie de ſes papiers dont il a eu communication au Greffe, & qu'il a employé en gros dans l'Etat de ſes effets fourny à ſes Creanciers dés le mois de May 1701. & qui eſt annexé à un Contrat fait le trente dudit mois, n'ayant pû en faire le detail, ayant eſté dépoüillé de ſes papiers par le moyen des ſcellez apoſez ſur iceux, deſquels il n'a eu communication qu'en partie, deſquelles Reconnoiſſance la teneur enſuit.

JE reconnois que M. de la Noüe m'a remis la ſomme de quarante-quatre mil ſept cens quarante-neuf livres dix ſols un denier, dont je promets luy rendre compte de ladite ſomme à ſa volonté. Fait à Paris ce 15. Juin 1698. Signé, Briand.

Pour 44746 liv. 10 f. 1 den.

JE reconnois que M. de la Noüe m'a remis les dix-huit Billets nottez cy-deſſus, montant à la ſomme de quarante-ſix mil cinq cens livres, dont je promets luy rendre compte à ſa volonté. Fait à Paris le 19. Février 1699. Signé, Briand. Et au deſſous, intereſt dû.

Pour 46500 l.

JE tiendray compte à M. de la Noüe à ſa volonté de la ſomme de dix-huit mil cent vingt-cinq livres qu'il a payée à ma décharge à Monſieur Moreau, pour le rembourſement des fonds qu'il avoit dans le Traité des Foires & Marchez, Meſureurs de Grains des Generalitez de Soiſſons, Moulins & Amiens. Fait ce 18. Novembre 1700. Signé, Briand.

Pour 18125 l.

JE reconnois que M. de la Noüe m'a remis la ſomme de dix-ſept cens quatre-vingt-ſept livres douze ſols, dont je luy rendray compte à ſa volonté. A Paris ce 20. Novembre 1700. Signé, Briand.

Pour 1787 l. 12 ſ.

JE reconnois que M. de la Noüe m'a remis la ſomme de vingt-trois mil trois cens cinquante livres en ſept Billets nottez cy-deſſus, dont je promet luy rendre compte à ſa volonté. A Paris le 16. Novembre 1700. Signé, Briand.

JE tiendray compte à M. de la Noüe de la ſomme de quarante un mil deux cens ſoixante-quatre livres huit ſols ſix deniers à ſa volonté. Fait ce 5. Decembre 1700. Signé, Briand.

Pour leſdits 41264 l. 8 ſ. 6 d.

JE reconnois que M. de la Noüe m'a remis les trois Billets dont la notte eſt cy-deſſus, montans enſemble à dix-ſept mil trois cens ſoixante-dix-neuf livres, de laquelle ſomme je promet luy payer à ſa volonté. A Paris le 6. Novembre 1700. Signé, Briand.

Pour leſdits 17379 l.

JE tiendray compte à M. de la Noüe de la ſomme de ſept mil cinq cens quatre-vingt-dix livres ſept ſols à ſa volonté. A Paris ce 8. Janvier 1701. Signé, Briand.

JE reconnois que M. de la Noüe m'a remis la ſomme de quinze mil huit cens liv. en quatre Billets nottez cy-deſſus, dont je promet luy rendre compte à ſa volonté. A Paris ce 15. Janvier 1701. Signé, Briand.

Pour 15800 l.

JE tiendray compte à M. de la Noüe à ſa volonté de la ſomme de dix mil quatre cens quatre-vingt-une livres dix ſols, en me rendant le preſent ſeulement. Fait ce trente Janvier 1701. Signé, Briand.

JE reconnois que M. de la Noüe m'a remis la ſomme de neuf cens cinquante livres, dont je promet luy rendre compte à ſa volonté. A Paris ce trente-un Janvier 1701. Signé, Briand.

Les

Les Reconnoiſſances cy-deſſus, ſont les 8. 9. 10. 11. 12. 13. 14. 15. 16. 17. & 18ᵉ pieces de la cotte 26.

Sous la cotte 35. la onziéme piece eſt la Reconnoiſſance, dont la teneur enſuit.

JE reconnois que M. de la Noüe m'a remis la ſomme de deux mil cinq cent quaran-te-neuf livres cinq ſols, dont je promets luy rendre compte à ſa volonté. A Paris ce 6. Février 1701. Signé, Briand.

Toutes leſquelles Reconnoiſſances de Briand montent enſemble à la ſom-me de deux cens trente mil cinq cens vingt-ſix livres douze ſols ſept deniers, cy .... 230526 l. 12 ſ. 7 d.

De laquelle ſomme Briand eſt debiteur du Supliant, & qu'il a diverty du fond de ſa Caiſſe, puiſqu'il n'en juſtifie point d'employ.

Et d'ailleurs l'on voit par ſes Regiſtres & par ſes Journaux de Recette qu'il a reçû plus de deux millions pendant les années 1699. 1700. & juſ-qu'au 15. Février 1701. qu'il s'eſt abſenté ſans avoir rendu compte.

Si Briand n'avoit point diverty le fond de la Caiſſe du Supliant, & s'il lui avoit remis les ſommes dont il eſt debiteur, le Supliant n'auroit pas eu le malheur de manquer à ſes Creanciers, ces ſommes auroient acquitté ſes dettes les plus preſſées, & auroit ſoûtenu ſon credit.

Outre les ſommes que Briand doit au Supliant & à ſes Aſſociez, & celles qui lui ſont dûës en particulier, il a encore le malheur d'eſtre ſa caution, pour raiſon dequoy il eſt pourſuivi par les Intereſſez au Traité de l'Alienatió des Domaines de Soiſſons pour le reliqua de ſon compte arreſté le premier May 1701. & ſignifié au Supliant le 5. Juillet de la même année, avec ſomma-tion de payer le reliqua montant à 11965 liv. 19 ſ. 3 d. A l'égard des autres Caiſſes le Supliant n'a point eſté pourſuivy juſqu'à preſent, mais Briand n'eſt pas moins obligé de rendre ſes comptes, & lui fournir de décharges.

Pour la juſtification de ce que deſſus, employe toutes les Reconnoiſſan-ces cy-deſſus tranſcrites ſous les cottes y énoncées, enſemble produit la copie de la ſignification à lui faite ledit jour 5. Juillet 1701. ledit employ & ladite copie icy tenu pour cetté par   LLL.

Il ſuffiroit au Supliant d'avoir expoſé aux yeux de la Cour toutes les preuves qui reſultent des papiers de Briand, leſquelles juſtifient la fauſſe-té de ſon accuſation, & ſon crime de vol & divertiſſement des deniers de la Caiſſe : Le Supliant pour donner plus d'horreur de la conduite de Briand, & de la hardieſſe qu'il a eüe de l'accuſer, ſuplie LA COUR de donner ſon attention à quelques reflexions qu'il va faire ſur les dépoſitions des Té-moins qui lui ont eſté confrontez.

Le premier Témoin eſt Maurice Piet Bourgeois de Paris.

Le reproche de ce Témoin eſt qu'il ſe pretend creancier du Supliant, eſtant pour cet effet opoſant aux ſcellez apoſez ſur ſes effets conjointement avec les Sieurs Mabire, & autres Intereſſez dans le Traité de l'Alliena-tion des Domaines de Riom ſous le nom de Marchand, à la requeſte duquel ladite opoſition a eſté faite pour raiſon des debets des comptes de Briand Caiſſier du Traité, dont ledit Piet & autres Aſſociez pretendent rendre le Supliant reſponſable comme caution de Briand, icelle opoſition inſerée dans le Procés verbal du Commiſſaire de Beaumont en la vacation du que le Supliant employe icy ſous la cotte   MMM.

Mais outre ce reproche la fauſſeté de la dépoſition dudit Témoin eſt juſtifiée par écrit, & par la propre signature du Témoin qui est à la clôture du compte rendu par Briand, dont le double est sous la cotte 231. laquelle est jointe au procés, où il est justifié que Briand a écrit la clôture dudit compte qu'il a signé, & s'est reconnu debiteur de 26238 liv. 10 s. 4 den. laquelle somme ledit Piet & les autres Interessez l'ont chargé de payer au Sieur Buffart Caissier du Traité General dans l'Aresté de ce compte, signé du Supliant : l'on ne le charge point de payer le debet, ce que l'on n'auroit pas manqué de faire s'il eût esté vray qu'il en eût eu le fond, & en eût esté debiteur, comme le supose ce Témoin en sa déposition, sans circonstancier de quelle maniere ce fond pouvoit estre passé és mains du Supliant.

Denis le Roux sixiéme témoin confronté au Supliant dépose à sa decharge, ayant dit que Briand estoit Caissier des Compagnies, & qu'il lui a fait plusieurs payemens en cette qualité comme Caissier du Traité General,

Charles-Loüis Dupré septiéme Témoin ne parle point du fait dont il s'agit, mais seulement au sujet des billets de Biancourt & de Lasne, dont il a esté parlé dans la Requeste concernant le faux pretendu.

Pierre Desmonceaux, dit Fervac, onziéme Témoin, est reproché de mauvaise vie, outre que sa déposition n'est que d'un oüi dire à Nicolas Fontaine ; les oüis dires à d'autres personnes qu'à l'Accusé ne font point de preuve.

Paul Elotte douziéme Témoin est employé par Passerat, & par consequent dans ses interests ; mais outre ce reproche, ce Témoin est convenu à la confrontation que Briand est Caissier des Compagnies.

Gilles Germain Controlleur des Rentes 13e Témoin est l'amy intime de Briand, & dans ses interests, est convenu à la confrontation de lui avoir mené un Notaire pour faire des protestations contre le Supliant, ce qui prouve qu'il est son conseil ; d'ailleurs il ne dépose que d'oüi dire à Dupré, lequel Dupré à la confrontation qui lui a esté faite dudit Germain, a soûtenu qu'il n'avoit point dit le contenu en la déposition dudit Germain.

Denis de Lasne 18e Témoin ne parle d'aucuns faits qui concernent Briand, sa déposition ne concerne que les deux billets attaquez de faux pretendu.

Toussaint de Biancourt 19e Témoin ne parle d'aucuns faits concernant la pretenduë obsession & violences faites audit Briand.

Claude Guiot 26e Témoin ne dépose rien de precis, il parle plûtost à decharge qu'à charge, parce qu'il dit qu'il ne sçait pas si Briand prenoit ou non des Reconnoissances du Supliant lors qu'il lui mettoit des pieces entre les mains.

Jean Caurier pere trentiéme Témoin ne dit rien qui merite attention.

Jean Caurier fils trente-un Témoin ne parle que d'oüi dire, & ne dit rien de precis.

Loüis Gaucher ne dépose rien du fait qui concerne Briand, c'est le 32. Témoin.

Loüis Devaux 35e Témoin ne parle non plus d'aucuns faits qui concernent Briand.

Jacques Gaucher 39e Témoin est convenu qu'il n'a vû faire aucune violence à Briand, & ainsi il dépose à décharge.

Estienne Boucault quarante-uniéme Témoin ne parle d'aucun fait qui concerne Briand.

De toutes les dépositions cy-dessus, il n'y en a aucune qui prouve que le Supliant ait violenté Briand, qu'il l'ait obsedé, qu'il lui ait fait signer des Actes, billets, ou autres engagemens par artifices ; & ainsi nulle preuve des accusations qu'il a formées contre le Supliant.

Cela joint aux preuves qui refultent de tous les papiers de Briand qui font au Greffe, des billets, & autres pieces que le Supliant a employées dans la prefente Requefte, l'on voit par une pleine & entiere démonftration que Briand eft tout enfemble un calomniateur & un voleur de Caiffes, en ayant diverty les deniers.

Aprés que la Cour aura examiné les pieces cy-deffus employées & produites, elle eft supliée d'avoir la bonté de lire la plainte de Briand, les dépofitions des témoins, enfemble les recollemens & confrontations faites au Supliant, & la Requefte de conclufions civiles du 12. Février de la prefente année 1703. & de conferer tout ce que Briand allegue avec les preuves qui refultent de fes propres pieces, & de celles du Supliant : cela fait, il efpere que la Cour fera perfuadée par une démonftration plus claire que le jour, que tout ce qui eft avancé par Briand font de veritables fupofitions, & des impoftures tres-criminelles. Sa plainte & tous fes raifonnemens fe reduifent à dire qu'il n'a point efté Caiffier du Supliant, ny des autres Compagnies, qu'il n'a fait que lui prêter fon nom, & qu'il eft demeuré maiftre du fond de toutes les Caiffes ; cependant par les pieces de Briand l'on voit tout le contraire, & qu'effectivement il a touché tous les fonds des Caiffes, & qu'il les a adminiftrées en homme habile, & qu'ayant eu l'adreffe d'en divertir les fonds, d'où refulte fon crime de vol, il eft aujourd'huy affez temeraire pour tâcher de palier ce vol de jetter des fupofitions dans l'efprit des Juges & du public ; mais elles difparoiffent & s'évanoüiffent au moment qu'on entre dans l'examen des papiers de Briand, defquels il refultent cinq preuves indubitables.

1°. Par fes comptes, tant arreftez, prefentez, que projettez, il eft encore chargé de plufieurs fommes tres-confiderables.

2°. Par fes autres papiers qui concernent fes recettes & depenfes, il paroît qu'il a receu des Millions.

3°. Par fes Regiftres & Reconnoiffances il paroît que pendant les années 1699. 1700. & jufqu'au 15. Février 1701. qu'il s'eft abfenté, il a receu des fommes tres-confiderables en argent comptant, defquelles il n'a rendu aucun compte, & ne peut juftifier aucun employ, preuve qu'il a diverty & volé le fond de fes Caiffes.

4°. Briand ne juftifie point non plus ce qu'il a fupofé par fes plaintes que le Supliant l'ait violenté, & qu'il fe foit emparé de fes effets & papiers; cette fupofition eft d'autant plus grande que fes papiers fe font trouvez dans fa chambre, fur laquelle il y a eu des fcellez apofez.

5°. Par fes Reconnoiffances il eft chargé de 230526 liv. 12 f. 7 den. envers le Supliant : Si un Caiffier chargé par fes Recepiffez de cette fomme liquide & des deniers de plufieurs Caiffes, & qui eft accufé de vol en eftoit quitte par des paroles & des exagerations, ce feroit bouleverfer tout le commerce, & tout ce qu'il y a de fûretez dans la focieté civile ; les billets & Reconnoiffances de Briand font en bonne forme, & relatifs aux états qui font dans fes papiers.

Aprés cela peut-il eftre crû de dire qu'il n'a point receu le contenu en fes billets, & qu'il n'a point le fond des Caiffes, il n'y a point de Caiffier qui ne ruinât fon Maiftre fi cela avoit lieu.

L'on n'admet point la preuve teftimoniale contre la litterale, toutes les Ordonnances du Royaume le défendent, rien ne feroit certain dans le public, fi par des Témoins l'on détruifoit des Actes par écrit : & c'eft pour cette même raifon que les Ordonnances de Moulins & de 1667. excluent la preuve par Témoins au deffus de cent livres.

Il eft vray que la force & la violence ouvrent des moyens contre les Actes

& Contrats, mais il faut que cette violence soit demontrée precisément, & qu'elle influë sur les circonstances du fait.

Au fait present, les papiers de Briand cy-dessus employez font voir qu'il a agy librement pendant cinq années, qu'il a esté le maistre du fonds des Caisses, qu'il a pris ses précautions avec la derniere exactitude, & qu'il s'est conduit comme un Caissier habile & experimenté, & aujourd'huy par un vol qualifié il veut s'enrichir aux dépens du Supliant & de ses Creanciers. Mais il y a lieu d'esperer que la Cour qui sçait discerner les veritez d'avec les supositions rendra au Supliant la justice qui lui est dûë.

Ce qui doit surprendre dans la cause du Supliant, est que la Cour des Aydes ait receu l'accusation de Briand par un Arrest contradictoire; & pour en estre d'autant plus surpris, il faut icy expliquer les moyens par lesquels cette accusation ne devoit estre reçûë, & les motifs qui ont excité Messieurs de la Cour des Aydes de la recevoir, & par cette explication l'on sera persuadé que ce n'est qu'un tour du Palais imaginé par Briand & par les ennemis du Supliant, pour tâcher de sauver Briand, & de faire reüssir l'accusation de faux formée contre le Supliant. 1. Refinissant les faits de la plainte de Briand, ils consistent uniquement à dire qu'il n'a point esté Caissier du Supliant ny des Compagnies, qu'il n'a fait que lui prester son nom, qu'il est demeuré maistre du fond des Caisses, & saisi de ses papiers.

Ces faits ne pouvoient former une accusation ny une Instance extraordinaire, mais seulement une action civile entre le Maistre & le Caissier; & si en instruisant & jugeant la question civile l'on avoit trouvé quelques crimes, l'on auroit pris l'extraordinaire, conformément à l'Ordonnance: mais d'avoir receu une accusation de plein vol des faits de cette qualité, c'est une chose inoüie, & que l'on n'a jamais vû.

Cela est si vray que Briand s'est d'abord pourvû par action civile, ainsi qu'il se voit par une Requeste qu'il vous a presentée le 18. Février 1701. par laquelle il a exposé les mêmes faits qu'il expose aujourd'huy, qu'il n'a fait que prester son nom au Supliant, qu'il s'est rendu maistre du fond de ses Caisses & de ses papiers, & il a conclut à ce qu'il fût assigné pour lui aporter acquit & décharge de tous les Billets, Lettres de Change, Obligations, & autres Actes qu'il supose qu'il lui a fait contracter, & cependant il a demandé permission de revendiquer ses papiers.

Sur cette Requeste vous avez, MONSIEUR, permis de faire assigner le Supliant; & cependant de faire informer de la Banqueroute pretendüe frauduleuse, voilà l'unique chef d'accusation qui pouvoit estre reçû, mais qui ne pouvoit estre poursuivi par Briand, parce qu'il n'est pas Creancier du Supliant, & qu'au contraire il lui doit des sommes tres-considerables, justifiées par ses Reconnoissances & Billets, & par tous ses papiers dont il est parlé cy-dessus; ladite Requeste & assignation cottées au dos NNN.

Briand a confirmé cette procedure civile par une Requeste qu'il a presentée à Messieurs de la Cour des Aydes le 28. Juin 1701. par laquelle il a conclu à ce que le Supliant fût assigné en ladite Cour, pour voir dire que sur les assignations que le Supliant lui avoit fait donner aux Consuls, pour estre acquitté de plusieurs sommes que Briand doit payer, les Parties procederoient en ladite Cour; ladite Requeste & assignation cottée au dos OOO.

C'est une maxime universellement reçûë dans tous les Tribunaux du Royaume, que quand une Partie a pris la voye civile & ordinaire, elle ne peut plus prendre l'extraordinaire; la raison est qu'elle a fait choix de la formule de son action pour obtenir la reparation qu'elle espere, les Particuliers n'ont point d'interests dans la vengeance publique, il n'y a que Messieurs les Gens du Roy qui soient en état de poursuivre la vengeance des crimes: & c'est aux Magistrats de juger dans l'instruction des procés si la
justice

juſtice vendicative doit eſtre exercée, en ce cas ils renvoyent à l'extraordinaire, & pour cela l'on regarde principalement d'où naît l'action.

Au fait preſent, peut-on dire que l'expoſé de Briand puiſſe faire naître
ny former autre choſe qu'une action purement civile, c'eſt entre le Maître & le Caiſſier, c'eſt l'action que l'on apelle en Droit *actione inſtitoria*: il y
a la directe & la contraire, & jamais perſonne ne s'eſt aviſé de dire que cette action ſe dût traiter extraordinairement.

L'Arreſt de la Cour des Aydes qui a reçû l'accuſation de Briand devient
par conſequent inutile, & ſans execution, parce que le Conſeil a jugé ladite Cour importante: cela eſtant il eſt des regles & de maxime indubita-
ble, que tout ce qui ſe fait par un Juge incompetant ne peut prejudicier à
la juriſdiction du Juge competant, ny aux Parties, n'y ayant pas de plus
grand défaut dans la Juſtice diſtributive que celui de puiſſance, il efface
& anihille tout ce qu'a fait le Juge qui s'ingere de connoître d'un differend
dont la connoiſſance ne lui apartient point.

En effet, la queſtion preſente n'apartenoit point à la Cour des Aydes, étant
une pure action civile entre le Maiſtre & le Caiſſier, dont la connoiſſance
apartient au Juge ordinaire, & qui ne pouvoit eſtre portée *recta via* dans les
Cours Superieures. Il eſt vray que la Cour des Aydes avoit évoqué, mais elle
n'a pû évoquer les actions civiles, ny les extraordinaires d'entre le Supliant
& Briand ſon Caiſſier; ce qui eſt ſi vray que les Arreſts du Conſeil ont renvoyé au Chaſtelet, tant l'accuſation de Banqueroute pretenduë frauduleuſe,
que celle de Briand: & c'eſt ce qui prouve que la Cour des Aydes n'a jamais eſté competente, ſoit en premiere Inſtance, ou par apel. Il eſt vray
que le Conſeil n'a point caſſé la procedure faite par Briand à la Cour des
Aydes, mais c'eſt tacitement & implicitement caſſer cette procedure que
d'avoir jugé ladite Cour incompetente, & de vous avoir, MONSIEUR,
renvoyé la connoiſſance du fait: il eſt des regles que le principe eſtant rui-
né, l'acceſſoire l'eſt auſſi, les effets periſſent avec leurs cauſes.

Cela eſtant, les Parties ſont reduites par raport à Briand au premier état de
voſtre Ordonnance, MONSIEUR, du 17. Février 1701. renduë ſur ſa Requeſte, aux fins de laquelle il a fait aſſigner le Supliant. Il eſt vray que par
cette Ordonnance il a eſté permis à Briand d'informer de la Banqueroute
pretenduë frauduleuſe; mais il eſt d'obſervation eſſentielle, que par ſa Requeſte il n'a point demandé cette permiſſion, il ne s'eſt pas même dit
Creancier du Supliant, ſans laquelle qualité il lui eſtoit impoſſible de l'obtenir, & bien loin d'eſtre Creancier, il eſt debiteur de pluſieurs ſommes
tres-conſiderables.

Il faut pouſſer le raiſonnement plus loin au ſujet de la procedure faite en
la Cour des Aydes, & expliquer les raiſons que cette Cour a eu de recevoir l'accuſation de Briand.

Le ſeul & unique motif de l'Arreſt qui a reçû Briand à informer, n'eſt
autre choſe que l'adreſſe & l'artifice qu'il a concertée avec les ennemis du
Supliant, au ſujet du faux pretendu des Billets dont de Biancourt & de
Laſne ſont porteurs, ayant compliqué cette accuſation avec les autres faux
faits qu'il a alleguez: Sur cela Meſſieurs les Gens du Roy qui porterent la
parole par M. le Hagues, dirent que l'accuſation eſtant qualifiée de faux,
il falloit ſçavoir la verité, & pour cela inſtruire le procès; ſur cette remon-
trance les Juges ne pûrent refuſer au miniſtere public l'inſtruction du faux:
& voilà le veritable motif de l'Arreſt, & non le ſurplus des faits de la plainte de Briand.

Sur ce faux pretendu, il eſt bon d'obſerver à la Cour que Briand n'eſt
point Creancier des Billets, & que c'eſt lui & Deſroziers ſon Commis qui
les ont fournis à Biancourt & à de Laſne, d'où reſulte qu'ils ſont coupa-

bles du crime ayant fait des falsifications sur ces Billets : ainsi il est visible que ce faux prétendu a esté inventé par un tour de Palais pour faire recevoir l'accusation de Briand.

En effet, Briand n'étant point Creancier de ces deux Billets, il ne pouvoit former un faux incident, & encore moins un faux principal, n'estant point la Partie publique.

2. Il faut observer que la plainte de Briand ne pouvoit estre reçûë contre le Supliant pour raison du fond des Caisses & de l'administration d'icelles, parce que Briand estant acculé dés le mois d'Avril 1701. d'avoir diverty le fond de ses Caisses, cette accusation doit estre instruite ; elle est qualifiée de vol de Commis, & fondée sur la Declaration du Roy du 5. May 1690. une accusation de cette qualité doit estre instruite en la maniere prescrite par les Ordonnances.

Cela estant, l'accusation de Briand est une recrimination, & ce seroit le recevoir en ses faits justificatifs avant l'instruction & l'examen du procés, ce qui est absolument défendu par les Ordonnances ; & c'est un monstre dans la Jurisprudence de cumuler deux accusations pour un même fait, l'un de l'affirmative, & l'autre de la negative, & de faire tout ensemble l'Accusé & l'Accusateur. La premiere chose que doit donc faire Briand est de rendre compte, & se justifier de l'accusation du Supliant avant de l'actionner, puisque d'ailleurs il est bien justifié dans le fait que Briand est chargé par ses Reconnoissances de plusieurs sommes considerables, dont il ne justifie aucun employ ; ce qui jette contre lui une prévention du crime qu'il est necessaire d'instruire pour en éclaircir la verité, autrement le coupable demeureroit impuni, pendant que le veritable Creancier & le veritable Accusateur est dans les fers, & engagé à se défendre d'une accusation malicieuse & inventée pour lui retenir son bien & à ses Creanciers. Et ainsi la Cour voit que l'Arrest qui a receu la plainte de Briand, ne peut avoir eu d'autres motifs que la compilation du faux prétendu des billets de Biancourt & de Lasne, laquelle accusation ne peut resider qu'en la personne de Monsieur le Procureur du Roy, lequel a rempli son ministere, ayant fait instruire le procés du faux prétendu, dans lequel l'on voit tout ensemble l'innocence du Supliant, le crime de Briand & de Desroziers son Commis, & qu'ils sont les veritables auteurs du faux, & non le Supliant. Enfin l'espece presente est rare, l'on y voit les coupables & les criminels triompher de leurs crimes dans le public & devant les Juges, pendant que le Supliant qui en est innocent est en captivité : Mais il espere que la Cour, à qui rien n'échape par ses lumieres, penetrera la verité, & lui fera justice.

Tout ce qui vient d'estre dit, & les Pieces employées par le Supliant, justifient que Briand est coupable de vol & divertissement du fond de ses Caisses, & qu'il ne peut empêcher l'instruction de l'accusation formée contre lui à ce sujet, conformément à la Declaration du Roy du 5. May 1690. Mais ce crime est accompagné d'un autre non moins punissable, dont le Supliant a eu connoissance par la communication d'une partie des papiers de Briand qui sont au Greffe.

Ce crime nouvellement connu au Supliant consiste en ce que Briand a falsifié & alteré ses Registres, c'est un crime de faux. Voicy le Fait.

Le Supliant a cy-devant pris avec les Sieurs Gensse, Goujon & autres les Fermes des Domaines du Roy des Generalitez de Soissons & Moulins, la Ferme des Greffes de ces deux Generalitez, la Ferme du Contrôlle des 1 s. par Exploit de la Generalité de Soissons, & encore celle du Contrôlle des Bancs de Mariage, & des Huissiers-Priseurs de la même Generalité.

Briand fut chargé par la Compagnie de la Caisse de toutes ces Fermes au mois de Juin 1700. & en même tems il lui fut fut mis entre les mains deux

Regiſtres l'un pour enregiſtrer la recette, & l'autre pour enregiſtrer ſa
dépenſe ; ces deux Regiſtres furent cottez & paraphez par premier & dernier feüillet du Sieur Aubry l'un des Intereſſez. Les fonds d'avances des
Fermes furent auſſi mis és mains de Briand qui s'en chargea ſur le Regiſtre,
& par les Recepiſſez qu'il en donna aux Intereſſez depuis il fut fait un emprunt de 12000 liv. en conſequence de la Déliberation du 22. dudit mois de
Juin, dont les billets furent mis és mains de Briand, qui s'en chargea ſur le
Regiſtre en marge de la Déliberation. Il a receu ces 12000 liv. dont il devoit charger ſon Regiſtre, il a auſſi receu les deniers envoyez par les Commis des Provinces ; Briand n'a tenu cette Caiſſe que depuis le mois de Juin
1700. juſqu'au 15. Février 1701. qu'il s'eſt abſenté, & avant de ſe retirer il a
falſifié ſes Regiſtres de recette & depenſe, ayant enlevé de celui de recette
pluſieurs feüillets entiers ſur leſquels ſa recette eſtoit écrite, & les autres
feüillets qui n'eſtoient pas écrits, mais ſeulement cottez & paraphez en
teſte, il les a coupez par le haut, en ſorte que les feüillets ſont de beaucoup
plus courts que leur couverture ; & neanmoins malgré les précautions qu'il
a pû prendre, ſur quelqu'uns des feüillets on y voit des reſtes des cottes &
des paraphes qui eſtoient ſur iceux, ſur la couverture duquel eſt écrit *Recette*, & au deſſous il paroît qu'il y a eu de l'écriture qui a eſté enlevée avec
de la pierre de ponce, & de celui de depenſe il a pareillement enlevé des
feüillets, & fait pluſieurs coupures ; ce qui ſe juſtifie par ces mêmes Regiſtres qui ſont au Greffe, & par vous, MONSIEUR, & Monſieur le
Procureur du Roy paraphez à la requiſition du Supliant, lors du recollement des papiers en la vacation du 31. Mars 1702. qui contient la plainte
du Supliant du faux commis par Briand dans l'alteration de ces deux Regiſtres, cette alteration ayant eſté faite dans le deſſein de cacher au Supliant & à ſes Aſſociez les recettes que Briand a faites, tant de leurs fonds,
que des emprunts par eux faits, & encore de ce qui lui a eſté remis par les
Commis des Provinces ; ce qui complique deux crimes de Briand, l'un de
divertiſſement de deniers, & l'autre de faux, parce que les Caiſſiers des
Gens d'Affaires ſont indiſpenſablement obligez d'avoir des Regiſtres, &
de les tenir fidellement, tant en recette que depenſe : & l'on ne peut dou-
ter que l'alteration de ces Regiſtres ne ſoit un faux ſujet aux peines des
Edits, les Caiſſiers, les Commis, & même les Clercs eſtant ſujets aux peines capitales, lors qu'ils ſont convaincus de faux & de falſification dans
leurs fonctions.

Briand a fait encore pluſieurs falſifications dans d'autres Regiſtres de recette qu'il a tenus, & principalement dans celui de recette du Traité des
Meſureurs de Grains des Generalitez d'Amiens, Soiſſons, Moulins & autres, dans lequel le Supliant eſt Intereſſé, qui eſt ſous la cotte 415. dans ce
Regiſtre l'on y voit pluſieurs ratures, & des feüillets laiſſez en blanc entre
d'autres qui ſont écrits ; ce qui ne peut avoir eſté fait que dans un mauvais
deſſein pour tromper ſes Maiſtres & cacher ſa recette. Les Caiſſiers des Intereſſez dans les Affaires du Roy doivent, ſuivant les Reglemens, avoir des
Regiſtres écrits de ſuite, ſans blancs ny ſans ratures, à peine de faux ; ainſi
Briand ſe trouve coupable de falſification & de faux, & il y a lieu de lui
faire ſon procés ſur la plainte du Supliant & à ſa requeſte, en ayant eſté
empêché juſqu'à preſent à cauſe de l'accuſation de Briand, pour raiſon de
la pretendue ſpoliation & enlevement de ſes papiers.

CE CONSIDERE', MONSIEUR, il vous plaiſe donner acte
au Supliant, de ce que pour défenſe par attenuation contre la calomnieu-
ſe accuſation de Briand, cy-devant ſon Caiſſier & de pluſieurs autres Com-

pagnies, il employe le contenu en la presente Requeste, & ce qu'il a dit par ses Interrogatoires & Confrontations, & encore en ce que servir luy peuvent, & non autrement, les informations, recollemens & confrontations, ensemble toutes les Pieces mentionnées en la presente Requeste aux fins & inductions y portées; & en procedant au Jugement du Procés, declarer la Procedure de Briand nulle & recriminatoire, décharger le Supliant de la temeraire & calomnieuse accusation d'iceluy Briand, le condamner en six mil livres de reparation civile, dommages & interests: Declarer l'écrou de recommandation du Supliant fait sur le Registre de la Geole du Chastelet à la requeste de Briand, nul, injurieux, tortionnaire & déraisonnable, ordonner qu'il sera rayé & biffé. Et ayant égard à la plainte & accusation du Supliant contre Briand pour raison du vol & divertissement des deniers de sa Caisse, ordonner que son procés luy sera fait & parfait, conformément à la Declaration du Roy du 5. May 1690. & outre recevoir le Supliant Demandeur & Accusateur contre Briand en crime de faux principal, pour raison des supressions, alterations, & falsifications par luy faites dans ses Registres de Recette & Depense de la Ferme des Domaines de Soissons & Moulins, dont est fait mention dans le Procés verbal de Recollement du Commissaire Gorillon, fait en vôtre presence, MONSIEUR, & de Monsieur le Procureur du Roy en la vacation du 31. Mars 1702. & ordonner que le faux sera instruit en la maniere prescrite par les Ordonnances; dés-à-present condamner ledit Briand, & par corps, de payer au Supliant, ou à ses Creanciers à sa décharge, la somme de deux cens trente mil cinq cens vingt six livres douze sols sept deniers qu'il doit de liquide au Supliant, & porté en ses Reconnoissances cy-devant transcrites, avec les interests, & outre à fournir acquit & décharge au Supliant de tous les Cautionnemens qu'il a faits pour luy, à ce faire qu'il sera pareillement contraint par corps, sans préjudice au Supliant à former dans la suite telles autres demandes contre Briand qu'il avisera, aprés qu'il aura eu une entiere communication de ses papiers. Et vous ferez bien. Signé, Lorieul de la Noüe & Boullenois. *Et à costé est écrit,* Acte soit signifié sans retardation suivant l'Ordonnance. FAIT ce huit Marsmil sept cent trois. Signé, LECAMUS.

www.ingramcontent.com/pod-product-compliance
Lightning Source LLC
Chambersburg PA
CBHW061703050726
47598CB00004B/1647